# 人人都看得懂的
# 银行理财产品
## 投资实战

罗春秋／编著

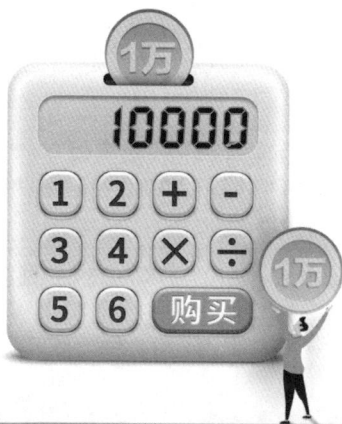

中国铁道出版社有限公司
CHINA RAILWAY PUBLISHING HOUSE CO., LTD.

## 内 容 简 介

本书与以往的银行理财书籍有较大不同，主要通过对具体银行产品的实际购买操作的讲解，以真实案例、相关表格、相关图片等方式，将复杂的理财产品简单化、具体化、实用化。

书中涉及的内容有银行常识、产品说明书、产品投资去向、产品风险说明、结构型理财产品、净值型理财产品、信托型理财产品、全权资产委托、不同银行理财产品对比和银行理财产品购买技巧等。

本书适用于具有较少或无投资经验的理财新手、投资理财爱好者、正在进行理财规划的人士、储蓄爱好者、家庭理财用户等。通过对书中内容的学习，大家可以更好地理解银行理财产品的基础知识及购买操作。

**图书在版编目（CIP）数据**

人人都看得懂的银行理财产品投资实战 / 罗春秋编著 . —北京：中国铁道出版社有限公司，2021.8

ISBN 978-7-113-27630-0

Ⅰ . ①人… Ⅱ . ①罗… Ⅲ . ①银行 - 金融产品 - 投资 - 基本知识 Ⅳ . ① F830.9

中国版本图书馆 CIP 数据核字（2021）第 088398 号

书　　名：人人都看得懂的银行理财产品投资实战
　　　　　RENREN DOU KAN DE DONG DE YINHANG LICAI CHANPIN TOUZI SHIZHAN
作　　者：罗春秋

---

责任编辑：张亚慧　　　编辑部电话：（010）51873035　　　邮箱：lampard@vip. 163. com

编辑助理：张　明
封面设计：宿　萌
责任校对：孙　玫
责任印制：赵星辰

---

出版发行：中国铁道出版社有限公司（100054，北京市西城区右安门西街 8 号）
印　　刷：三河市宏盛印务有限公司
版　　次：2021 年 8 月第 1 版　　2021 年 8 月第 1 次印刷
开　　本：700 mm×1 000 mm 1/16　印张：16　字数：206 千
书　　号：ISBN 978-7-113-27630-0
定　　价：59.00 元

---

# 前言

　　银行理财产品作为银行推出的理财新模式的载体，自诞生以来，其品种就在不断丰富，且规模也在不断扩大。相对于市场中其他的理财方式，通过银行理财产品进行理财的模式具有简单、安全、低风险等特点。但看似简单的理财产品背后却有着复杂的投资标的、投资机遇及投资风险。那么，银行理财产品的收益是如何计算的？投资风险又表现在哪些方面？净值型理财产品、结构化理财产品、信托型理财产品以及全权资产委托又是怎么运作的？购买银行理财产品有什么技巧？这些都是本书将要重点介绍的内容。

　　根据笔者多年的投资理财经验，将相关的知识呈现在大家面前，从理论出发，将银行理财产品的购买细节逐一呈现，图文并茂地将一些专业知识化为简单的案例或者实操，对常见的银行理财产品进行剖析及实际购买操作指导。书中的案例均为真实的银行理财产品，从实战的角度，帮助投资者更好地理解产品的投资原理及操作！

　　但是，面对市面上繁多的银行理财产品，我们应该从哪里入手？如何购买相关产品？为解决这些问题，特意编写了此书。通过对书中内容的学习，读者可以更全面地认识相关产品，通过产品说明书及购买技巧去了解相关产品信息和购买操作。

全书共 10 章，可大致划分为五个部分：

◆ 第一部分为第 1 章，这部分主要对银行常识进行介绍，如银行业务、银行理财术语、银行储蓄、银行理财产品的基础常识以及银行理财与生活等。从最简单的常识入手，为进一步了解银行理财产品打下基础。

◆ 第二部分为第 2～4 章，这部分主要介绍了如何看产品说明书、如何追产品的投资方向以及怎么看产品的投资风险。这部分内容，可以帮助读者更好地理解银行理财产品，为投资者的投资决策提供参考。

◆ 第三部分为第 5～8 章，这部分主要对具体产品进行详细说明，如结构型、净值型、信托型以及全权资产委托产品，从产品详情、购买实战、购买风险等方面进行详细说明，将复杂的产品具体化、简单化，更易操作。

◆ 第四部分为第 9 章，这部分主要对不同银行的产品进行对比说明，如建设银行和工商银行的产品对比。还介绍了特殊的产品，如超短期的银行理财产品及常见银行推出的一些"小宝贝"，这些产品进一步地丰富了银行的产品种类，同时也给投资者提供了更多的产品选择。

◆ 第五部分为第 10 章，这部分主要对购买银行理财产品的一些技巧进行说明，如清理家底、选择产品、选择银行、区别银保产品以及银行产品等。通过本章的内容讲解，让读者学会一些实用的购买技巧。

本书从日常生活的角度出发，通过生活常识、真实案例、实际操作以及数据对比等，展示了如何了解银行理财产品，并利用案例、表格及图示等辅助说明，降低阅读的枯燥感，让读者在一种简单实用及轻松有趣的阅读氛围中学习本书的知识。

因水平有限，书中难免存在疏漏或者不当之处，敬请指正！

最后，希望所有读者都能从书中学到需要的知识，快速掌握银行理财常识，轻松购买银行理财产品。

编　者

2021 年 5 月

# 目录

# 第2章 产品说明书这样看

# 第3章　产品投资方向这样追

# 第4章 产品风险早知道

# 第5章 结构化理财产品并不难

# 第 6 章　净值型理财产品很简单

# 第 7 章　信托产品很微妙

# 第8章 全权资产委托专属化

# 银行理财

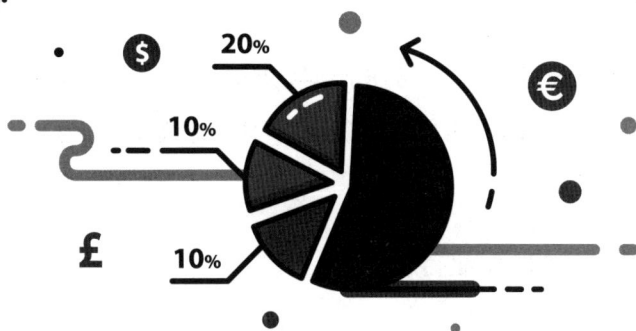

# 第 1 章

# 银行常识知多少

　　大多数人对银行功能的认识还停留在存钱、取钱上，随着时代的不断发展，现在我国各大银行都形成了一套完整、成熟的金融体系，不仅能定存、取现，还可以通过银行进行投资理财。

　　银行都提供哪些业务？哪一种储蓄最保险？银行理财产品哪种好？银行理财怎么影响我们的生活……

　　在回答这些问题之前，我们需要对银行常识有基本的了解。

# 1.1
# 理财，为什么选银行

如果理财公司 A 和 G 银行同时推出某类型理财产品，收益相差 1%，投资期限都为 35 天，你是会选择 A 公司还是 G 银行？如果你选择 G 银行，理由是什么？

## 1.1.1 银行都提供哪些业务

银行的业务根据划分条件的不同，归总的业务也不同。

根据业务的难易度和网点的依赖度，一般可以分为传统业务和复杂业务。

**传统业务**。常见如贷款、外汇买卖和贸易融资等。

**复杂业务**。常见如结构性融资、租赁和收购兼并上市等。

而如果从财务报表上来说，银行的业务一般分为负债业务、资产业务和中间业务。

**负债业务**。一般主要指商业银行的负债业务，包括存款业务、借款业务和同业业务等。

**资产业务**。主要指商业银行对资金的运作的业务，包括贷款业务、证券投资业务和现金资产业务。

**中间业务**。一般指银行的非利息收入业务，包括理财业务、电子银行业务、银行卡业务和支付结算业务等。

在各种银行业务中，一般还会提供针对个人的业务，如存款业务、贷款业务、中间业务、银行卡业务、自助服务业务和外汇业务等，具体如下：

**存款业务**。包括常见的各种定期存款储蓄业务和外币存款业务。

**贷款业务**。银行为个人提供的短期和长期贷款业务，如个人住房贷款、个人助学贷款和个人医疗贷款等。

**中间业务**。常见的中间业务有理财业务、基金业务、国债业务、代发工资和个人存款证明等。

**银行卡业务**。如储蓄卡、信用卡和理财卡的办理业务。

**自助服务业务**。如各大商业银行提供电话银行、手机银行和网上银行的业务。

**外汇业务**。如各大商业银行提供个人外汇开户及买卖业务。

当然，不同的商业银行还会给个人提供一些特色业务，如各种会员业务，在后面的章节我们将详细讲解。

银行理财作为银行提供给个人的重要业务之一，如何去理解呢？首先，我们从其专业的名词入手进行了解。

## 1.1.2 银行理财常用术语有哪些

在每个行业或领域都有各自的术语，要了解这个行业或领域，就必须了解各术语。那么银行理财常用术语有哪些呢？

**预期收益率**。简单理解就是银行在发行理财产品初期，对于产品未来收益的一个预估值。不能代表产品到期的实际收益。

**年收益率**。一般指产品一年的实际收益率，要注意区分年化收益率与年收益率，如某银行理财产品的年化收益率为 5%，投资期限为 45 天，如果投入本金 20 000 元，到期的实际收益就为 20 000×5%×45÷365=123.29（元），而不会是 1 000 元。

**潜在收益率**。简单理解可以看作是收益的看涨，或者潜在的最大收益，如银行经理告诉客户 A 银行理财产品的到期潜在收益最高可达 35%，银行理财产品的潜在收益一般指可能达到的最高收益率，一般该类理财产品的风险也较高。

**募集期**。一般指银行理财产品从发售开始到产品成立的这一段时期，在选择银行理财产品时要注意，一般在募集期内购买无利息。为了实现利息最大化，在选择产品时，可选择募集期较短或者在产品的募集期快结束的时候购买。

**到期日**。到期日一般指产品说明书上注明的产品到期的日期，这里需要注意一下与到账日的区别，一般到账日是购买产品的本金及利息最终到账的日子，通常会在到期日后一周内到账，在产品说明书上会进行说明。

**清算期**。就是我们常见的"T+N"模式，T 一般代表的是产品的到期日，N 代表具体的天数，一般购买的银行理财产品不会实现 T+0，即当天到账，银行还会对产品进行清算，这个阶段就是产品的清算期。

**产品投资方向**。简单来说就是我们投资的资金去向，是银行对于投资者的资金的运用，如与基金、债券和股市相关，从产品的投资去向上，可以看出产品的投资风险。

**担保**。对于一些银行理财产品，银行会提出担保，但一般不会是到期收益的担保，更多的是对客户本金的担保，或者部分担保。具体情况应详细阅读产品说明书进行了解。

**提前终止**。如果我们购买了 60 天的银行理财产品，由于近期需要资金周转，在 40 天的时候，我们想提前赎回投资的产品，与银行终止合约，银行会不会同意呢？这种情况就属于提前终止，从产品的投资去向上我们知道，当我们购买了银行发售的银行理财产品后，银行一般会将客户的资金集中进行投资，如投资到基金市场、债券市场、股市等，同样需要与二级市场签订相应的合约，所以一般情况下，作为购买银行理财产品的个人，是不能与银行提前终止相应合约的，因此在购买银行理财产品之前，需要根据自身情况确定购买短期还是长期的银行理财产品。

**赎回条款**。赎回一般与提前终止相关，有些银行理财产品是可以提前终止的，但这通常会在产品说明书中对赎回时间及条件进行详细说明，简称为赎回条款信息。

银行理财产品的常用术语相对而言更简单，种类也较少，如上只是简单介绍，具体信息一般会在产品的说明书上进行详细说明，投资者有任何困惑的地方，可要求理财经理进行详细说明。

### 1.1.3 银行理财要用到哪些银行账户

无论是购买基金还是股票，我们都需要开立相应的账户的，那么银行理财需要开立相应的账户吗？

答案是肯定的，一般需要开立个人的银行结算账户，简单说明如下：

**I 类账户**。可以用于存款、转账、消费和取现等业务的账户，根据银行的规定不同，有的银行该类账户可以用来购买投资理财产品。

**II 类账户**。具有 I 类账户的功能，但不能取现，且会对单日累计支付的额度进行限制，如不超过 1 万元，但一般购买理财产品金额不限。

**III 类账户**。用来办理限定金额的消费及缴费业务，一般规定余额不超过 2 000 元。

一般 II 类、III 类账户就是我们常见的电子银行账户，电子银行通常包括网上银行和手机银行，两者最大的区别就是在电脑端还是在手机端，而网银一般对应的是电脑端，没有哪一种更好的说法，投资者只需要选择适合自己的进行使用即可。

购买银行理财产品，不同的银行的理财产品在购买的渠道上，会有一定的区别，某些理财产品会要求只能到柜台购买，有的只能在手机端购买，有的则是柜台、手机端和电脑端三种渠道皆可。下面以中信银行的理财产品为例进行简单说明。

**案例实操**

**在中信银行购买理财产品**

进入中信银行官网（http://www.citicbank.com），我们可以看到有个人服务、公司服务和信用卡等选项卡，而"个人服务"选项卡又包括理财、基金和缴费等内容，如图 1-1 所示，此时单击"理财"按钮，可进行理财产品的查看。

图 1-1　单击"理财"按钮

此时我们将看到银行推荐的一些优选产品，一般会根据产品的风险等级进行划分，如高出一筹、稳稳理财或灵活理财，我们可以根据自身的风险偏好进行选择。

如我们单击风险相对较低的"稳稳理财"选项卡，在该栏目下就将出现不同期限的相关系列产品，如预期年化收益率区间几乎相同，但投资期限却差别较大，分别为 35 天和 98 天的产品，如图 1-2 所示，单击"查看详情"按钮，查看具体详情。

**优选产品**

| 高出一筹 | 稳稳理财 | ①单击 |

②单击

**乐赢智信汇率挂钩人民币结构性存款20081期**

| 1.48%-3.55% | 98天 | 16706万元 | 查看详情 |
| 预期年化收益率 | 产品期限 | 总成交金额 | |

**乐赢智信汇率挂钩人民币结构性存款20080期**

| 1.48%-3.45% | 35天 | 13199万元 | 查看详情 |
| 预期年化收益率 | 产品期限 | 总成交金额 | |

图 1-2　单击"查看详情"按钮

在打开页面中我们就可以看到相关产品的详情信息，如产品代码、产品期限、购买起点、起息日、募集起止和剩余额度等，如图 1-3 所示。

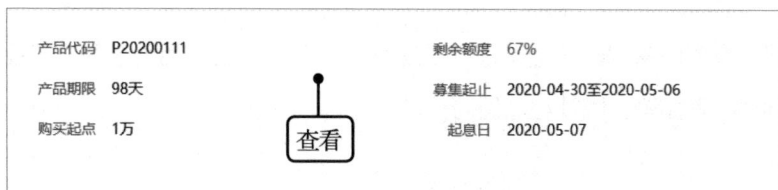

| 产品代码 | P20200111 | | 剩余额度 | 67% |
| 产品期限 | 98天 | 查看 | 募集起止 | 2020-04-30至2020-05-06 |
| 购买起点 | 1万 | | 起息日 | 2020-05-07 |

图 1-3　查看产品基本信息

在这里我们需要注意的是，即使我们是在募集期间购买的，在此期间也是不计算利息的，利息的计算从募集期结束的第二天开始。在该页面我们还可以看到，该理财产品的购买渠道及更多详情。对于该款理财产品，一般可以选择手机银行、网银或营业网点 3 种方式购买，如图 1-4 所示，具体选哪一种则根据实际情况来定，相对来说，安全性的差异不大。对于具体购买操作，后面章节我们将进行详细讲解，这里不做具体说明。

图 1-4　产品购买渠道展示

如果我们选择手机银行购买，一般需要下载该银行的 App，注意选择正规渠道下载，保证安全性，而如果使用网银申请，要注意打开网站的浏览器的安全性，一定要注意登录密码及交易密码的保护。

# 1.2
# 储蓄，你真的搞懂了吗

很多人认为日常使用银行卡就是一种储蓄，是的，不过是活期储蓄，利息收入相对较低，要想实现利息的可观化，我们还需要进行一定量的定期储蓄。

那么定期储蓄的时间是不是越长越好呢？在回答这个问题之前，需要知道储蓄种类都有哪些，以及利息如何计算。

## 1.2.1　常见的几种储蓄方式

对于银行的储蓄方式，一般可以分为活期储蓄和定期储蓄，简单说明如下：

　　**活期存款**。一般没有和银行约定存款的期限，储户可随时存取，但利率较低。一般我们绑定在微信或者支付宝上的银行卡就属于此类。

　　**定期存款**。与活期存款相反，是储户和银行事先约定好存款期限，到期后存取本金和利息的一种存款，利率相对活期更高，但是支取没有活期灵活，一般可以分为六种常见方式，具体如表 1-1 所示。

表 1-1　定期储蓄的分类

| 储蓄类型 | 定　义 | 起存、存期及利率说明 |
|---|---|---|
| 整存整取 | 双方约定存期，整笔存入，到期后一次性支取本息和 | 一般起存金额为 50 元，存期为 3 个月、半年、1 年、2 年、3 年和 5 年，一般各大商业银行利率会随着政策有一定的调整，具体应以年度银行实际执行的利率为准 |
| 零存整取 | 双方约定存期，分批次存入金额，存入的金额大小没有限额，到期后一次性支取本息和 | 一般起存金额为 5 元，若中途有漏存的情况，储户可在下月补齐。存期一般分为 1 年、3 年和 5 年。一般各大商业银行利率会随着政策有一定的调整，具体应以年度银行实际执行的利率为准 |
| 整存零取 | 双方约定存期，整笔存入，但到期后分批次支取本金 | 一般起存金额为 1 000 元，存期分为 1 年、3 年和 5 年，一般各大商业银行利率会随着政策有一定的调整，具体应以年度银行实际执行的利率为准。存款到期后储户可选择一个月、3 个月或半年一次进行本金支取 |
| 存本取息 | 双方对于存期进行约定，储户进行整笔存入，根据固定的日期进行利息的支取 | 一般起存金额为 5 000 元。存期分为 1 年、3 年或 5 年。一般各大商业银行利率会随着政策有一定的调整，具体应以年度银行实际执行的利率为准。存款到期后，一般可选择一个月或几个月支取利息一次，到期未支取部分或提前支取的，一般按照支取日银行挂牌的活期利率计算利息 |

| 储蓄类型 | 定　义 | 起存、存期及利率说明 |
|---|---|---|
| 定活两便 | 一般不约定存期，储户可随时支取 | 起存金额为 50 元，利率一般按一年以内定期整存整取同档次利率 6 折计算 |
| 通知存款 | 一般不约定存期，储户支取前要事先通知银行存款支取日期和支取金额 | 一般起存金额为人民币 50 000 元或外币 5 000 美元。通知期限分为 1 天和 7 天，一天通知存款的存期最少需 1 天，7 天通知存款的存期最少需 7 天。一般各大商业银行利率会随着政策有一定的调整，具体应以年度银行实际执行的利率为准 |

## 1.2.2 特殊储蓄了解一下

除了一些常见的储蓄方式，一般商业银行还会在定期存款的基础上推出一些特殊的储蓄方式，如大额存单和大额存款等，简单说明如下：

**大额存单**。大额存单是一种高门槛的定期存款，相对来说，购买的起点金额较高，如个人购买的起点金额为 20 万元，一般常见的各大商业银行推出的大额存单，起点金额都在 20 万元以上。大额存单常见存期为 1 个月、3 个月、6 个月、9 个月、1 年、1 年半、2 年、3 年、5 年。其中，3 个月、6 个月、1 年、2 年、3 年的大额存单较多，1 个月、9 个月、1 年半、5 年的大额存单相对少。大额存单比同期限定期存款有更高的利率，具体以银行挂牌推出的实际利率为准。

**大额存款**。相较大额存单，购买门槛更低一点，且不同的银行对于大额存款的起点购买金额规定不一样，如规定的起点金额为 1 万元、5 万元、10 万元，常见的大额存款的期限包括 3 个月、6 个月、1 年、2 年、3 年、5 年。其中，3 个月、6 个月、1 年、2 年和 3 年期的大额存款在各大商业银行都较常见，但部分银行没有 5 年期的大额存款。存款利率比同期限定期存款更高，具体以银行挂牌推出的实际利率为准。

一般定期存款的利率会在央行基准利率的基础上上浮 30%，而大额存单的上浮标准能够达到 40% 甚至是 45%。所以从利率来看，是相对较高的，具体我们以 2020 年工商银行的定期存款利率与同期大额存单利率的对比进行分析说明。

**案例实操**

**工商银行定期存款与大额存单对比计息**

首先我们需要了解银行挂牌的定期利率，从而为下一步选择相对应的存款期限进行利息计算打下基础，如表 1-2 所示。

表 1-2　工商银行活期与定期存款利率

| 项　　目 | 年利率（%） |
| --- | --- |
| 一、城乡居民及单位存款 | |
| （一）活期 | 0.30 |
| （二）定期 | |
| 1. 整存整取 | |
| 3 个月 | 1.35 |
| 半年 | 1.55 |
| 1 年 | 1.75 |
| 2 年 | 2.25 |
| 3 年 | 2.75 |
| 5 年 | 2.75 |
| 2. 零存整取、整存零取、存本取息 | |
| 1 年 | 1.35 |
| 3 年 | 1.55 |

续表

| 项　　目 | 年利率（%） |
|---|---|
| 5 年 | 1.55 |
| 3.定活两便 | 按一年以内定期整存整取同档次利率的 6 折 |
| 二、协定存款 | 1.00 |
| 三、通知存款 | |
| 1 天 | 0.55 |
| 7 天 | 1.10 |

而大额存单的利率则与如上的定期存款利率存在一定差别，具体如表 1-3 所示。

表 1-3　工商银行大额存单利率

| 起存额 | 3 个月 | 6 个月 | 1 年 | 2 年 | 3 年 |
|---|---|---|---|---|---|
| 20 万元 | 1.595% | 1.885% | 2.175% | 3.15% | 3.795% |
| 30 万元 | 1.65% | 1.95% | 2.25% | 3.045% | |

根据表 1-2 的内容，2 年期的定期存款利率为 2.25%、3 年期和 5 年期的定期存款利率为 2.75%。而大额存单的利率却都有提升，2 年期 20 万元的大额存单利率为 3.15%，3 年期 20 万元的大额存单利率为 3.795%。

如果我们一次性存入 20 万元，存 3 年，以大额存单形式能够多得到的利息就是：200 000 × （3.795%-2.75%）× 3=6 270 （元），在不考虑其他因素的情况下，一年折合下来利息收入就是 2 090 元。

对于如上我们采用的计算利率，仅供参考，一般要以实际的交易利率为准，同时需注意，对于银行官方公布的利率也如此，应以各网点实际采用的利率为准。

## 1.3
# 银行理财产品，如何读懂"她"

银行理财产品，一般理解是商业银行对于潜在的客户群进行分析研究后，针对特定的目标客户群设计并销售的资金投资和管理计划，银行接受客户的授权进行资金管理，投资的收益和风险由客户和银行进行约定承担。

### 1.3.1　银行理财产品有哪些

对于银行理财产品一般可以从币种、投资领域和风险等级等方面去划分，简单说明如下：

◆　币种

根据不同币种，可以分为人民币理财产品和外币理财产品两大类：

①人民币理财产品是银行面向个人客户发行，到期向客户支付本金和收益的一种低风险理财产品，包括传统型产品和人民币结构性存款。

②外币理财产品是为了回避股票风险而推出的理财产品，一般与国际市场挂钩，风险和收益相对高一些。但通常银行还是会对于推出的理财产品进行本金的保证，具体以产品说明书为准。

◆　投资领域

根据投资领域不同，银行理财产品可分为债券型、信托型、挂钩型及QDII 型。

①债券型理财产品是银行将客户的资金用于货币市场的投资，如短期

国债、金融债及央行票据等。

②信托型理财产品是通过信托公司与银行合作的方式进行理财产品的发行和投资管理，由银行通过发行人民币理财产品募集资金，由信托公司来进行投资，由一般商业银行或金融机构进行担保或回购信托产品。

③挂钩型理财产品也称为结构性产品，本金一般是用于各种债券投资，但产品的收益最终与产品表现、利率区间及国际市场等挂钩。一般这类产品会对本金有一个保证，适合风险承受能力较强的投资者。

④ QDII 型理财产品是商业银行将客户的资金兑换成外币后，直接在境外投资，到期后将收益和本金结汇成人民币后，返还给投资者的理财产品。

◆ 风险等级

从风险等级来看，理财产品的划分相对简单，分为基本无风险的理财产品、较低风险的理财产品、中等风险的理财产品和高风险的理财产品。

①基本无风险理财产品。银行存款和国债就属于这一类。

②较低风险的理财产品。货币市场基金或偏债型基金就属于此类。

③中等风险的理财产品。一般信托类理财产品、外汇结构性存款和结构性理财产品等都属于中等风险类。

④高风险的理财产品。一般 QDII 理财产品就属于此类，其风险和收益都高，要求投资者购买该类理财产品需慎重。


## 1.3.2 6 招看懂银行理财产品

对于银行理财产品，除了看到种类繁多，你还看到了什么？如何去看懂一款银行理财产品呢？

◆ 看发行者

简单理解就是产品的卖家，开发产品的金融机构，一般实力雄厚的金融机构发行的理财产品相对更可靠。

◆ 看认购者

简单理解就是产品的买家，对于有些理财产品并不是所有人都能购买，是针对特殊人群推出。

◆ 看产品期限

一般银行理财产品的投资期限都比较短，最长 5 年，常见最短 1 个月，投资人应根据自身需求选择投资短期还是长期产品。

◆ 看价格和收益

一般银行理财产品的价格会包括认购费、管理费和机会成本等费用，当我们投资时，是为了获得高于该价格的收益，而收益一般会以收益率的形式表现，要注意年化收益率、预期收益率和实际收益率的差别。

◆ 看产品流动性

流动性简单理解就是资产的变现能力，一般在其他因素不变的前提下，流动性与收益率成反比，如三个月银行理财产品的收益率相对于同期的 1 年期限的银行理财产品的收益率更低。

◆ 看产品风险

在其他因素不变的前提下，一般风险与收益都是成正比的。银行理财产品的风险状况，因不同的种类而有所不同，所以在购买银行理财产品前，一般需要做一个风险等级测试，从而匹配更合适的产品。

对于以上的 6 招，下面通过简单的案例进行说明。

案例实操

用 6 招看懂工商银行的理财产品

打开产品说明书，查看相关信息，如图 1-5 所示。我们可以看到产品名称、种类和产品归属期等信息。

**ICBC 🏧 中国工商银行**

### 中国工商银行个人人民币结构性存款产品说明书（挂钩日元汇率双边区间累计型）
### 二〇二〇年第78期

（挂钩日元汇率双边区间累计型）

二〇二〇年第78期

图 1-5　查看产品信息

在紧接着的页面我们还可以看到，产品名称及代码，其中还有产品的发行者和认购者的相关信息，如发行者为工商银行，认购者为投资 1 万元以上的客户，产品风险等级为 PR1，如图 1-6 所示。

| 产品名称 | 中国工商银行个人人民币结构性存款产品（挂钩日元汇率双边区间累计型）（普惠型） |
|---|---|
| 产品代码 | JGP20078 |
| 产品类型 | 保本浮动收益类，工商银行对本产品的本金和按照产品说明书约定的最低收益提供保证承诺 |
| 产品风险评级 | PR1 |
| 客户风险等级 | 经工商银行风险评估，评定为保守型；稳健型；平衡型；成长型；进取型的有投资经验的客户。（如影响您风险承受能力的因素发生变化，请及时完成风险承受能力评估） |
| 销售币种 | 人民币 |
| 产品额度 | 45亿元 |
| 募集期 | 2020年04月29日0点至2020年05月06日12点 |
| 单笔认购限额 | 认购起点为1万元，超过认购起点的部分，应以1 000元的整数倍递增 |

图 1-6　产品发行、认购和风险信息

在该概述页面我们还可以看到：产品期限为 96 天，投资期限在 3 个月以上 1 年以下，流动性高；产品的起息日和到期日期以及兑付日期；挂钩标的的信息，如图 1-7 所示。

| 期限 | 96天 |
|---|---|
| 产品起息日期 | 2020年05月06日 |
| 产品到期日期 | 2020年08月10日（遵循工作日准则） |
| 到期兑付日期 | 2020年08月11日（遵循工作日准则） |
| 挂钩标的 | 观察期内每日东京时间下午3点彭博"BFIX"页面显示的美元/日元汇率中间价，取值四舍五入至小数点后3位，表示为一美元可兑换的日元数。如果某日彭博"BFIX"页面上没有显示相关数据，则该日指标采用此日期前最近一个可获得的东京时间下午3点彭博"BFIX"页面显示的美元÷日元汇率中间价 |
| 挂钩标的物观察期 | 2020年05月06日（含）至2020年08月06日（含），观察期内每日观察，根据当日挂钩标的表现，确定挂钩标的处于目标区间内的天数。 |
| 观察期限 | 93天 |

**图 1-7　产品期限等相关信息**

除此之外，在该概述页面我们还可以看到，产品期初价格的计算详情，具体为：产品起息日东京时间下午 3 点彭博"BFIX"页面显示的美元 ÷ 日元汇率中间价。预期收益计算公式为：预期收益 = 产品本金 × 预期年化收益率 × 产品实际天数 ÷365，精确到小数点后两位，小数点后第 3 位四舍五入，如图 1-8 所示。但一般具体以工商银行实际派发为准。

| 挂钩标的期初价格 | 产品起息日东京时间下午3点彭博"BFIX"页面显示的美元/日元汇率中间价，取值四舍五入至小数点后3位，表示为一美元可兑换的日元数。如果彭博"BFIX"页面上没有显示相关数据，则该日指标采用此日期前最近一个可获得的东京时间下午3点彭博"BFIX"页面显示的美元/日元汇率中间价。 |
|---|---|
| 预期年化收益率计算 | 预期年化收益率=1.35%+1.65%×N÷M，1.35%及1.65%均为年化收益率。其中，N为观察期内挂钩标的处于目标区间内的实际天数，M为观察期实际天数。客户可获得的预期最低年化收益率为1.35%，预期最高年化收益率为3.00%。测算收益不等于实际收益，请以实际到期收益率为准。 |
| 预期收益计算方式 | 预期收益＝产品本金×预期年化收益率×产品实际天数÷365，精确到小数点后2位，小数点后第3位四舍五入。具体以工商银行实际派发为准 |

**图 1-8　产品价格及收益计算**

总体来说，如上的理财产品适合经工商银行风险评估且风险承受能力评估为保守型、稳健型、平衡型、成长型和进取型的有投资经验和无投资经验的客户，但需要满足认购金额在 1 万元以上的条件，该产品投资风险相对较低，投资期限也中等，在 3 个月左右。流动性高于 1 年期、2 年期、3 年期和 5 年期的同类理财产品。

### 1.3.3　4类银行理财产品别轻易下手

随着银行业务的不断完善，在银行的官网及 App 上，银行提供了很多理财产品，但是我们需要注意，有些理财产品如果要购买，一定要谨慎，一般有如下几类理财产品：

◆　股票型基金和混合型基金

一般在银行购买这两类基金是需要缴纳一定的申购费，但随着竞争越来越激烈，一些银行也会对申购费进行打折，一般比较常见的就是申购费为 1.5%，如购买 2 万元的股票型基金，申购费就要缴纳 300 元。

◆　大宗商品类

一般客户对于大宗商品是不够了解的，如原油和期货，对大宗商品的价格走势很难判断。它的价格和走势与国家市场也息息相关。所以购买时需要慎重。

◆　非银行发行非保本的高风险类产品

现在很多出现问题的银行理财产品一般都是银行工作人员代销，且是高风险的产品，所以购买前一定要问清楚是否为本行发行，可查询官网信息，看产品说明书、销售代码是否唯一等。

上述提到的银行理财产品，并非都不适合购买，还是要根据自己具体的情况进行具体分析。银行还是提供了很多安全稳定、收益相当且方便快捷的理财产品的，如一些常见的货币基金、7 天理财产品等，它们的收益相比活期更高，而且 1 ～ 6 个月的理财产品的流动性都较高。投资者可以根据自己的闲置资金、风险承受力和投资期限等具体情况做一个详细的规划。

当然，除了产品的选择，银行的选择也很重要，我们一定要注意看产品的发行者、认购者、产品期限、产品风险、自身风险测试、预期收益、年化收益、本金赎回以及提前终止等信息。

### 1.3.4 线下如何购买银行理财产品

对于银行理财产品的购买，一般可以选择线上或者线下两种方式，线上购买方式我们将会在后面的章节进行详细讲解，这里我们主要对于线下购买方式进行简单的说明。

在线下购买之前，我们还得做一定的准备工作，如拥有你即将购买理财产品的银行的储蓄卡，查询或者询问在售的理财产品，具体操作如下：

◆ 风险测试

一般在购买之前，银行理财经理会提供给客户一份个人的风险测试问卷，此时客户需要根据自身的情况按照实际情况填写，要注意不能直接让银行客户经理帮你选择，或者为了购买到某类理财产品故意错填，导致风险测试等级被估高或者估低。

◆ 风险匹配

当风险测试问卷填写完成以后，核算出客户的风险承受能力及对应的风险等级，客户需根据自身的风险等级选择相关产品，一般在风险产品说明书中会说明该款理财产品的风险等级。

◆ 读懂产品说明书

一般的产品说明书，内容较多，很多人觉得看不懂。通常可以抓住几个关键字，如产品期限、产品风险等级和产品收益等，在后面的章节我们将详细说明。

◆ 确认购买

在仔细阅读产品说明书后，对于产品风险、产品期限和产品收益等都在自己规划之内的理财产品，即可确定购买意向。

◆ 填写产品购买确认书

当我们确认购买意向后，可在银行理财经理的帮助下填写相应的产品购买确认书。

◆ 抄写风险确认书

一般在最后，是需要客户本人抄写相应的风险确认书的，注意不要让银行经理代笔。对于不明白的条款要仔细询问后再抄写。

不同的商业银行在购买上可能存在细微的差别，具体应以实际为准，其中最主要的步骤就是风险测试和看懂产品说明书，在购买时一定要根据自身的实际情况，谨慎投资。

## 1.3.5 银行理财产品的购买费用如何计算

当我们购买银行理财产品后，在赎回产品以后，发现到手金额和自己预估的不一致，可能中间的差额就是手续费，在购买银行理财产品时，除了注意风险与收益，还应关注相应的手续费。

一般常见的手续费包括销售费、管理费、托管费、申购费和赎回费等，简单介绍如下：

**销售费**。一般按照每月投资金额的年化 0.2% ～ 0.5% 收取，具体应以银行实际执行为准。

**管理费**。一般按照每月投资金额的年化 0.3% ～ 0.5% 收取，具体应以银行实际执行为准。

**托管费**。一般按照每月投资金额的年化 0.02% ～ 0.2% 收取。具体应以银行实际执行为准。

**申购费**。现在一般不收取。具体应以银行实际执行为准。

**赎回费**。一般按期赎回是不收费的，但是提前赎回可能收取赎回费，也可能不收取，具体应以银行实际执行为准。

对于产品的管理费，不同的产品收取的费用存在一定的差异。一般当产品的实际收益低于预期收益时，是没有管理费的；当实际收益超过预期收益，对于超过的部分，一般会收取相应的管理费；当然还有银行，不管实际收益是否超过预期收益，都将收取一定的管理费。一般在产品说明书中，都将会有一定的收费标准。

## 1.4
# 银行理财与生活

虽然我们目前并没有购买任何银行理财产品，但是银行理财还是与我们的生活息息相关的，如我们在微信、支付宝上绑定银行卡消费，通过银行按揭买车、买房等，甚至我们通过银行办理信用卡消费都是一种银行理财的体现。

### 1.4.1 买房买车找银行

如今，一般买车或者买房时，全款购买的现象比较少，一般都会选择自己支付一部分首付，其余部分向银行进行贷款。但当我们打算找银行贷款时，却被银行拒绝，到底是为什么呢？一般哪些人群容易被银行拒绝贷款呢？

简单介绍如下：

◆ 收入过低的人群

一般将收入作为判定还款能力的标准之一，如果收入过低，银行放贷的风险较大，这类人贷款一般容易被银行拒绝。

◆ 高危职业人群

所谓高危职业人群，简单来说就是工作的危险系数较其他行业更高，如煤矿、建筑施工及危险品等行业的人群，有的银行甚至会将销售作为高危人群之一，因为其收入时高时低，银行无法判定其还款能力，所以被拒绝的可能也较大。

◆ 自由职业者

自由职业者，简单来说就是工作不稳定的人，因此其收入也不稳定，此类人群银行也会考虑其还款能力。

◆ 信用不佳的人群

常见的信用不佳就是个人的征信不佳，包括信用卡逾期和还贷逾期等个人不良信用记录。如果不良信用记录过多，银行会拒绝贷款。

◆ 年龄不符合标准的人群

一般包括年龄过小或者过大，如未满十八岁的人群或者申请贷款的男士年龄超过 65 岁和女士年龄超过 60 岁，一般银行会拒绝贷款。

◆ 深陷债务纠纷的人群

如果个人卷入了相应的经济纠纷，且被法院纳入失信被执行人黑名单的，一般银行会直接拒贷。

现在不仅在银行贷款需要个人信用报告，就算在贷款公司贷款同样需要审核，一般建议如有借贷，最好按时还款，管理好自己的信用报告。

和银行存款利率一样，贷款同样具有一定的利率，具体如表 1-4 所示。

表 1-4　工商银行贷款利率

| 项　　目 | 年利率（%） |
|---|---|
| 一、短期贷款 | |
| 6 个月（含） | 4.35 |
| 6 个月至 1 年（含） | 4.35 |
| 二、中长期贷款 | |
| 1 至 3 年（含） | 4.75 |
| 3 至 5 年（含） | 4.75 |
| 5 年以上 | 4.90 |

根据如上的贷款利率，如果我们向该银行申请贷款 1 万元，贷款期限为 6 个月，那么贷款的利息就为 $10\,000 \times (4.35\% \div 12 \times 6) = 217.5$（元）。对于如上的利率一般只做参考，实际还应以银行网点挂牌的实际利率为准。

## 1.4.2　巧用信用卡

信用卡只能用来消费吗？

不，信用卡还可以用来理财，从花钱变为赚钱，将消费工具变为理财工具，从根源上节流。信用卡理财是具有一定的技巧的，简单介绍如下：

◆　巧用免息期

我们一般投资除了利用个人的流动资金，还可以使用信用卡的额度资金。对于流动资金，我们通常需要预留 6 个月及以上的家庭开支及家庭应急资金，对于家庭的消费可以利用信用卡来弥补，如每月家庭开支是 6 000 元，我们都通过信用卡消费，那么我们就可以将流动资金中的 6 000 元用于购买相关短期的银行理财产品，获得一定的收益。而信用卡一般会有长达 50 天左右的免息期，在免息期内消费是没有利息的，我们是不需要支付相关利息的，那么我们就可以利用这一段免息期，购买一款 1 个月到 2 个月的银行理财产品，获得相应的收益。

◆ 善用信用卡额度

对于信用卡的额度来说，多进行分期还款，保持良好的还款习惯，不要逾期等，一般额度都能提升。而提升的额度越大，我们可以用来理财的金额也越大，但是消费额度一定要适当控制。

◆ 信用卡消费时间选择

一般当我们某次消费的金额较大时，我们可以选择在出账时间的后一天再开始消费，减少利息，节省还款金额。此外，一般信用卡每年都有一次修改账单日的机会。

◆ 还款方式选择

当我们每个月获得工资收入后，一般可以不用马上还款，可以先用收入购买银行或其他金融机构推出的货币基金，到还款日后再从投资中收取本金及收益用于还款，在保证还款的同时还可以获得收益。

**理财贴士** *电子银行业务有哪些*

电子银行业务简单理解就是我国各大商业银行通过面向社会大众开放的通道及网络，向客户提供的离柜金融服务，是一种向客户提供的非柜台的金融服务，包括自助银行、手机银行、电话银行以及网上银行等其他的离柜业务。

现在手机银行被广泛使用，它是利用手机和其他移动设备等实现客户与银行的对接，在手机上办理相关金融业务。

# 银行理财

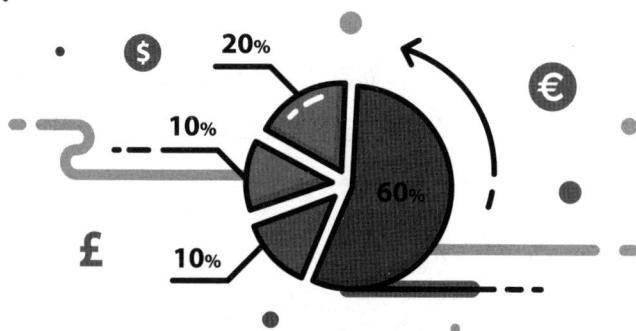

$20\%$

$10\%$

$60\%$

$10\%$

$\$$　€　£

# 第2章

# 产品说明书这样看

很多产品都有说明书，而我们一般都习惯在购买以后才细看。但对于银行理财产品来说，产品说明书应该在风险测试后，确认购买前细看，且要看懂。

# 2.1
# 产品收益问一问

定期存款有一定的利息收入，债券、基金、股票投资都具有一定的收益，购买银行理财产品亦如此，那么银行理财产品的收益该如何计算呢？

## 2.1.1 收益越高越好吗

银行理财产品的收益主要体现为预期收益和实际收益，一般在产品说明书上会进行详细说明，以工商银行两大理财产品对比分析为例进行说明。

**案例实操**

**在工商银行理财产品说明书中计算收益**

打开期限不限、保本浮动收益、风险最低的产品说明书，如中国工商银行保本型个人随心 E1 号的产品说明书，如图 2-1 所示。

| 风险揭示书 | |
|---|---|
| 理财非存款、产品有风险、投资须谨慎,中国工商银行郑重提示：在购买理财产品前，客户应仔细阅读理财产品销售文件，确保自己完全理解该项投资的性质和所涉及的风险，详细了解和审慎评估该理财产品的资金投资方向、风险类型及预期收益等基本情况，在慎重考虑后自行决定购买与自身风险承受能力和资产管理需求匹配的理财产品；在购买理财产品后，客户应随时关注该理财产品的信息披露情况，及时获取相关信息。 | |
| 产品类型 | 保本浮动收益型 |
| 产品期限 | 无固定期限 |
| 产品风险评级 | PR1 |
| 目标客户 | 经工商银行客户风险承受能力评估为保守型、稳健型、平衡型、成长型、进取型的有投资经验和无投资经验的个人客户 |

图 2-1 打开产品说明书 1

在接下来的页面中,我们可以看到产品说明书中关于收益的计算方法,预期收益＝投资本金 × 业绩基准（R）÷365× 实际存续天数,同时还对收益、税款及计息进行了约定,如图 2-2 所示。

| 收益计算方法 | 预期收益＝投资本金×业绩基准（R）÷365×实际存续天数投资本金以客户的每笔购买为单位,业绩基准为客户购买时适用的按照实际存续天数确定对应的收益率档。期间如遇工商银行调整业绩基准,存续份额的业绩基准不变。实际存续天数:自客户购买确认日至预约到期日（赎回日）期间的天数;如客户在募集期内认购本产品份额,则该份额的实际存续天数自产品成立日（含当日）起开始计算。 |
| --- | --- |
| 税款 | 理财收益的应纳税款由客户自行申报及缴纳。 |
| 其他约定 | 客户购买本产品的资金在募集期内按照活期存利率计息,但利息不计入认购本金份额;在理财赎回日（或提前终止日）至资金到账日之间不计利息 |

图 2-2　收益计算公式 1

是不是所有的理财产品都是如此来计算收益呢? 如全权委托资产管理类理财产品,同样,打开理财产品说明书,我们可以看到:产品名称为中国工商银行私人银行专属全权委托资产管理人民币理财产品 2017 年第 158 期,产品代码为 PBZX1702,产品风险评级 PR4,目标客户为经工商银行客户风险承受能力评估为成长型、进取型的有投资经验的客户,产品期限为无固定期限非保本浮动收益型等,如图 2-3 所示。

| 产品名称 | 中国工商银行私人银行专属全权委托资产管理人民币理财产品2017年第158期 |
| --- | --- |
| | 代码: PBZX1702 |
| 产品风险评级 | PR4（本产品的风险评级仅是工商银行内部测评结果,仅供客户参考） |
| 销售对象 | 私人银行客户及私人银行签约客户 |
| 目标客户 | 经工商银行客户风险承受能力评估为成长型、进取型的有投资经验的客户 |
| 投资及收益币种 | 人民币 |
| 产品类型 | 无固定期限非保本浮动收益型理财产品 |

图 2-3　打开产品说明书 2

风险评级大小一般从 PR1 到 PR5,在后面的章节我们将详细的进行说明。对于如上的理财产品,其风险等级为 PR4,相对于前面的 PR1,风险更高,那么它的收益是否更高呢?

首先，我们需要查看该类理财产品的收益计算公式，在打开的说明书中，找到收益相关说明，如图2-4所示。

| 分红 | 理财产品管理人将视理财产品运作情况进行分红 |
|------|------|
| 分红方式 | 现金分红 |
| 提前终止权 | 在满足本说明书第七条约定的情况下，中国工商银行有权终止本理财产品。除本说明书第十二条约定的情形外，客户不得要求终止本产品 |
| 税款 | 支付给客户的理财收益的应纳税款由客户自行申报及缴纳 |

图2-4 收益计算2

上图说明，该类理财产品的收益计算是根据分红计算，而分红以理财产品运作情况进行分红，运作越好，分红越高。

根据收益的计算公式：预期收益＝投资本金 × 业绩基准（R）÷365× 实际存续天数。

对于第一种理财产品，如李先生于2019年12月27日投资100 000元认购该产品，并选择2020年5月21日为该笔理财的预约到期日，从份额确认日至预约到期日的实际存续天数为145天，对应收益率为2.7%，则预期收益为：100 000×2.7%×145÷365=1 072.60（元）

对于第二种理财产品，如果产品的起购金额、产品期限都相同，对应收益率为10%，那么预期收益为：100 000×10%×145÷365=3 972.60（元）

相比较而言，第二类理财产品的收益更高，但是预期收益和实际收益还是存在差别的，特别是第二类，它采取的收益计算是按分红方式计算，是与理财产品的投资去向及投资种类相关，而且它的本质是浮动收益，不保本。

这就意味着，购买该类理财产品，可能获得高收益，但同样可能亏本更多，所以对于购买银行理财产品而言，并不是收益越高越好，像我们都知道股票的收益一般高于定期存款，但是风险同样更高。

## 2.1.2 与余额宝的年化收益有何区别

我们知道银行理财产品的收益可以用公式"投资人预期收益 = 理财本金 × 预期年化收益率 × 理财期限 ÷ 365"来计算。如某银行理财产品，预期年化收益率为 3.2%，投资期为 45 天，买入 1 万元，则预期收益为：10 000 × 3.2% × 45 ÷ 365=39.45（元）。我们需要注意，这里的收益并不是实际的收益，实际的收益应以实际到期的收益为准。

一般在产品说明书中，银行提出的都是预期年化收益率，并不是产品的实际收益。

我们知道，支付宝不仅可以用来消费，更可以用来理财，其推出的理财产品也是多种多样，那么对于这些产品收益我们该如何计算呢？

如支付宝中的余额宝，其收益一般可以用七日年化收益和万份收益来表示，七日年化收益率简单理解就是产品最近七日的年化收益率，是理财产品最近七天的每万份份额的平均收益折算的年收益率，是对于过去七天的盈利的反映，作为近日收益的一个参考。

而万份收益简单理解就是每万份份额的单位收益，指产品将每日的收益平均分摊到每一份上，然后以 1 万份为标准计算，一般可在当日计入投资人的账户中。

一般来说，年化收益率不是保持不变的，会上下浮动，在支付宝中，如果发现收益下降太大，且保持一定的趋势，那么我们可以将资金转出，一般是可以及时到账的。

但对于银行理财产品来说，就存在是否可以提前赎回的约束，一般在产品说明书中会说明，如果约定不可以提前赎回，那么是不能提前终止合约的，即不能像余额宝那样，可随时退出。

## 2.2
# 产品期限的关键点

为什么我们购买的理财产品已经到期，资金却还未到达银行卡上呢？如果未到期，我们可不可以提前终止合约呢？产品期限短好还是期限长好？起息日从哪天开始算？销售日和起息日有什么区别？

这些问题，在我们了解产品期限时，都需要清楚明白，对于不懂的我们可以在产品说明书中找到答案。

### 2.2.1 到期日与到账日有何区别

银行理财产品的到期日，简单理解就是合同约定的最后期限，而到账日就是指我们投入资金到达我们指定账户的时间，简单说明如下。

**案例实操**

在工商银行理财产品说明书中看到期日和到账日的区别

首先，我们需要查看理财产品的说明书，在说明书的开头是对于产品名称、代码、类型、风险评级和募集期等的说明，如图 2-5 所示。

| 产品名称 | 中国工商银行个人人民币结构性存款产品（挂钩日元汇率双边区间累计型）（普惠型） |
| --- | --- |
| 产品代码 | JGP20078 |
| 产品类型 | 保本浮动收益类，工商银行对本产品的本金和按照产品说明书约定的最低收益提供保证承诺。 |
| 产品风险评级 | PR1 |
| 客户风险等级 | 经工商银行风险评估，评定为保守型；稳健型；平衡型；成长型；进取型的有投资经验的客户。（如影响您风险承受能力的因素发生变化，请及时完成风险承受能力评估） |
| 销售币种 | 人民币 |
| 产品额度 | 45亿元 |
| 募集期 | 2020年04月29日0点至2020年05月06日12点 |

图 2-5　查看产品概述

在说明书中我们还将看到对于产品期限、产品的起息日、到期日、兑付日期、挂钩标的和挂钩标的物的观察期限等的说明，如图 2-6 所示。

| 期限 | 96天 |
| --- | --- |
| 产品起息日期 | 2020年05月06日 |
| 产品到期日期 | 2020年08月10日（遵循工作日准则） |
| 到期兑付日期 | 2020年08月11日（遵循工作日准则） |
| 挂钩标的 | 观察期内每日东京时间下午3点彭博"BFIX"页面显示的美元/日元汇率中间价，取值四舍五入至小数点后3位，表示一美元可兑换的日元数。如果某日彭博"BFIX"页面上没有显示相关数据，则该日指标采用此日期前最近一个可获得的东京时间下午3点彭博"BFIX"页面显示的美元/日元汇率中间价。 |
| 挂钩标的物观察期 | 2020年05月06日（含）至2020年08月06日（含），观察期内每日观察，根据当日挂钩标的表现，确定挂钩标的处于目标区间内的天数。 |
| 观察期限 | 93天 |

图 2-6　产品期限及标的说明

在上图中，产品的期限为 96 天，其中 2020 年 8 月 10 日就为产品的到期日，而兑付日期 2020 年 8 月 11 日就是产品的到账日，到账日在到期日的后一天，一般银行和客户会约定在理财产品到期日后 1 ~ 3 个工作日将本金预期年化收益划入客户的账户，不同的银行对于到账日规定存在一定的差别，甚至在同一家银行，因为产品的差异，到账日也会存在细微的差别，一般会在产品说明书中进行说明，如未详情说明的，可咨询银行理财经理。

## 2.2.2　什么是提前终止

对于银行理财产品的提前终止，可以简单理解为在到期日之前提前赎回，如购买的 35 天的银行理财产品，在持有 28 天后，向银行提出结束双方合约，银行也同意，这就是一种提前终止，它是相对于到期日而言。但并不是所有的银行理财产品都允许提前终止的，下面来看具体案例。

**案例实操**

**在工商银行理财产品说明书中看提前终止**

打开产品说明书的产品概述页面，在该页面找到关于提前终止条款的说明，及违约终止、工作日、提前赎回和其他约定等，如图 2-7 所示。

| 提前终止条款 | 除本说明书另有约定外，客户无提前终止权。产品存续期间，如遇法律法规、监管规定出现重大变更，要求本产品终止时，工商银行有权提前终止本产品。 |
| 违约终止 | 产品募集期及存续期内不接受违约终止。 |
| 工作日 | 产品到期日采用纽约和北京的银行共同工作日。资金到账日采用北京的银行工作日。 |
| 提前赎回 | 产品存续期内不接受投资者提前赎回。 |
| 认购是否允许撤单 | 是 |
| 其他约定 | 若本产品成立，投资者购买产品当日至产品起始日之间计付活期利息，但上述利息不计入投资者认购本金。 |

图 2-7　提前终止说明 1

在上图中我们可以看到，对于该款理财产品，银行是不允许客户提前终止的，除非是银行主动提前终止，也不允许投资者在产品期限内提前赎回。

对于产品的提前终止，一般是对于银行而言的，而提前终止的情形一般包括遇到重大金融政策调整或者银行认为有必要终止。如上图中的产品存续期间，如遇法律法规、监管规定出现重大变更，要求本产品终止时，工商银行有权提前终止本产品。

当然也会因产品变动银行主动终止的，如图 2-8 所示。当产品的存量低于 5 000 万元时，银行将有权终止该产品，但是除非一定的约定情形外，客户不得提前终止。

| 购买起点金额 | 5万元起购，以1 000元的整数倍递增 |
| 追加购买最低金额 | 1 000元，以1 000元的整数倍追加 |
| 提前终止 | 当产品存量低于5 000万元时，工商银行有权终止该产品，并至少于终止日前3个工作日进行信息披露。终止日后3个工作日内将客户理财资金划入客户指定资金账户。终止日至资金实际到账日之间，客户资金不计息。为保护客户权益，中国工商银行有权根据市场变动情况提前终止本理财产品。除本说明书第七条约定的情形外，客户不得提前终止本产品。 |

图 2-8　提前终止说明 2

一般如果银行提前终止，会约定在一定的工作日内将客户的理财资金划入到客户指定的资金账户。终止日至资金实际到账日之间，客户资金不计息。

### 2.2.3　期限短好还是长好

在考虑购买银行理财产品时，除了考虑其购买的价格、费用、收益、风险和市场等，产品期限同样是很重要的一个指标。前面我们说了理财产品的提前终止，我们知道现在的银行理财产品，一般不允许提前赎回或者转让，只能持有到期。而产品持有一般在 1 个月以上，也有银行推出低于一个月的产品，但一般较少，所以我们在持有某款理财产品之前，就需要确定一个产品购买的期限，保证购买产品的这笔资金在产品期限内不动用，那么产品的期限是越长越好还是越短越好呢？

一般情况下，对于同一家银行在同一时间发售的同一类的理财产品，相对来说都是期限越长，产品收益越高。图 2-9 所示为工商银行推出的两款固定收益类的理财产品，起购金额、募集期限也相同，不同的是产品收益和产品期限，我们可以看到，在其他条件相同的情况下，持有 1 000 天的产品的收益大于持有 439 天的产品的收益。

图 2-9　理财产品对比

但即使是同一银行、同一时间、同一类型的理财产品，也有可能期限短的比期限长的收益高，即我们常见的理财收益倒挂，但大多情况是期限越长收益越高。

此外，我们还需要注意，一般不同银行、不同类型、不同发售时间的理财产品，除了遵循一般的期限越长，收益越高的规则外，收益也会存在倒挂现象。

总体来说，期限不宜太短也不宜太长。购买理财产品的期限较短，产品的流动性较强，资金的占用时间也较短，但是也存在产品收益相对较低的情况；募集期相对较长，影响实际收益；此外，也可能出现到期后未能及时续购的情况。

如果产品的持有期限较长，产品收益相对较高，但存在产品流动性较差的情况，资金的占用时间较长，急需资金时无法提前赎回。

因此，对于理财产品的产品期限，应该从自身风险承受能力、家庭财务规划、理财产品的流动性、家庭资产配置和市场变化等多方面去考虑，简单介绍如下：

**自身风险承受能力**。无论是在网点购买理财产品还是在手机银行购买理财产品，一般在购买前都需要做一个风险评估，根据风险评估结果匹配相应的理财产品。而产品同样具有一定的风险等级排名，且等级越高，风险越高，一般产品期限越长，收益越高，风险的等级也越高。投资者一定不能盲目地追求理财经理倡导的高收益而忽略了自身的风险承受能力。

**家庭财务规划**。在购买产品之前，需要对家庭的财务规划有一个大致的了解，如果家庭有一笔闲置资金在未来的 1 ~ 3 年内都不会动用，那么此时就可以选择一些期限相对较长的理财产品，而如果这笔资金可能在未来 1 年内动用，一般可考虑期限相对较短的理财产品。

**理财产品的流动性**。一般产品在持有期间是不可以提前赎回的，产品的流动性相对较差。但有的银行对于某些理财产品开通了可转让流通的业务，这就大大提高了产品的流动性，在家庭急需资金的时候可以转让持有的产品。但是具体还应该咨询出售理财产品的银行，确认该款理财产品在产品期限内是否可以转让，如果可以转让，资金一般会在几天内到账，在清楚明白后，再决定是否购买相应的长期理财产品。

**家庭资产配置**。主要体现在家庭对于闲置资金的配置上，比如家庭有一笔 10 万元的闲置资金，这 10 万元是用于定期存款还是债券、股票、基金的投资，或者全部都用于买银行理财产品，我们知道这所有的配置都具有一个起点金额，定期储蓄相对门槛较低，而银行理财产品的起点金额一般在 1 万元以上，但单一配置，还是组合购买应根据自身的偏好、风险承受能力、投资实践、产品流动性以及资金计划等进行综合考虑。

**市场情况**。和定期存款一样，银行理财产品的收益主要受到利率高低的影响。相对来说，如果银行存款利率上调，购买的长期理财产品的收益就相对不划算了，因为不能及时赎回，购买更高收益的理财产品。但是理财产品的收益也不仅仅受到利率影响，还包括理财运作、金融政策和市场竞争等综合因素的影响，市场作为收益的影响因素之一，但不是全部。

如果是理财新手，缺乏投资经验，那么建议可购买一些固定收益、短期、起购金额较低的银行理财产品来熟悉一些情况，等到具有一定的投资经验以后，可在综合考虑之下，购买一些中长期的银行理财产品，在购买期限的选择上，产品风险、产品流动性和资金计划等是关键考虑的因素。

因此，购买的银行理财产品的期限是越长越好，还是越短越好，不能一概而论，投资者一定要综合考虑，既要能获得一定的投资收益，又要在风险承受范围内，并且尽可能不给家庭带来资金困境。

## 2.2.4 起息日从哪天开始算

我们购买的银行理财产品，收益是不是从购买当天就开始计算呢?

一般我们在产品说明书中会看到关于起息日的说明。起息日简单理解就是开始计算利息的时间，是一笔收款或者付款真正开始生效的日期。对于购买的产品，一般先有产品募集期，产品募集结束后才开始正式的计算利息，而在计息日之前是没有利息的。同样以工商银行理财产品为例进行介绍。

**案例实操**

## 在工商银行理财产品说明书中看起息日

首先，我们需要查看理财产品的说明书，在说明书的开头是对产品名称、代码、类型、风险评级、期限和募集期等的说明，如图 2-10 所示。

| 产品名称 | 工银理财·两权其美固定收益类封闭净值型理财产品（20GS3126） |
|---|---|
| 产品代码 | 20GS3126 |
| 产品类型 | 固定收益类，非保本浮动收益型 |
| 理财信息登记系统登记编码 | Z7000820000523。投资者可依据本产品的登记编码在"中国理财网（www.chinawealth.com.cn）"查询产品信息。 |
| 产品风险评级 | PR3（本产品的风险评级仅是工银理财有限责任公司内部测评结果，仅供客户参考） |
| 销售对象 | 个人普通客户 |
| 发行方式 | 公募 |
| 目标客户 | 经工商银行客户风险承受能力评估为平衡型、成长型、进取型的有投资经验的客户 |
| 期限 | 439天 |
| 投资及收益币种 | 人民币 |
| 初始计划发行量 | 10亿元 |
| 募集期 | 2020年05月07日-2020年05月13日 |

**图 2-10　查看产品概述**

同时在该页面，我们还将看到关于起始日、到期日以及到账日的说明，如图 2-11 所示，起始日就是产品的起息日，为募集期结束的第二日，到账日为到期日后的 3 个工作日内。

| 起始日 | 2020年5月14日 |
|---|---|
| 到期日 | 2021年7月26日 |
| 资金到账日 | 到期日后3个工作日内或提前终止日后3个工作日内或提前赎回日后3个工作日内 |
| 托管人 | 中国工商银行股份有限公司，托管人负责指令处理、资金清算、证券结算、会计核算、资产估值等职责。 |

**图 2-11　查看产品起息日**

从如上说明书内容可知，产品的募集期一般为一周，在募集期内购买该类产品，一般是不计息的，因此在考虑购买产品的期限长短时，起息日也是一个很关键的点，起息日对于实际的收益是具有一定影响的。

李先生购买了工商银行的 A 类年化收益率为 3.15%，投资期限为 40 天的理财产品，同时购买了工商银行的 B 类年化收益率为 3.3%，投资期限为

40 天的理财产品，投资金额都为 5 万元，那么根据预期收益的计算公式，A 产品到期可获得的预期收益为：50 000×3.15%×40÷365=172.60（元）；B 产品到期可获得的预期收益为：50 000×3.3%×40÷365=180.82（元）；从预期收益上来看，B 类产品的预期收益更高一点，但实际收益又如何呢？

根据约定，A 类产品的起息日是在购买后的第二日，B 类产品的起息日是在购买后的第 7 天，那么对于 A 类产品来说，李先生的实际投资是投 41 天，获得的收益为 172.60 元；而对于 B 类产品来说，李先生的实际投资是 47 天，获得的收益为 180.82 元。A 类产品折算年化收益率就为 172.60÷50 000÷41×365=3.07%，而 B 类产品的年化收益率为 180.82÷50 000÷47×365=2.81%，远远低于预期收益率 3.15% 和 3.3%。也充分说明，如果产品的募集期太长，在一定的投资期限内，实际上将对收益产生一定的影响。所以在查看产品说明书时，一定要看清产品期限、募集期、起息日、到期日和到账日。

一般起息日都是从募集结束的第二天开始计算的，其会在产品说明书中注明，而在募集期内购买的银行理财产品一般按照活期存款的利息计算，那么怎么理解募集期呢？

## 2.2.5　募集期可以撤单吗

如果我们购买了一款银行理财产品，但是因为一些因素的影响，我们打算撤回，产品还处于募集期，那么此时银行会同意吗？

一般不同的银行，不同系列的理财产品，都会存在 3～10 天的募集期，募集期可以简单地理解为产品的销售期，如果遇到节假日还可能顺延。一般在募集期内购买的产品，资金属于锁定状态，按照活期计息，很多银行推出的理财产品都是可以撤单的，同样以工商银行的理财产品为例进行说明。

**案例实操**

## 在工商银行理财产品说明书中看募集期

在理财产品的说明书中我们可以看到关于募集期、销售范围、产品成立条件、起始日、到期日和资金到账日的详细说明，如图 2-12 所示。

| 募集期 | 2020年05月07日-2020年05月13日 |
|---|---|
| 销售范围 | 全国 |
| 产品成立 | 为保护客户利益，工银理财有限责任公司可根据市场变化情况缩短或延长募集期并提前或推迟成立，产品提前或推迟成立时工银理财有限责任公司将调整相关日期并进行信息披露。产品最终规模以实际募集规模为准。如产品募集规模低于1亿元，则工银理财有限责任公司可宣布本产品不成立并在原定起始后2个工作日内在工商银行网站（www.icbc.com.cn）或相关营业网点发布产品不成立信息，客户购买本金将在原定起始日后3个工作日划转至客户账户，购买本金在募集期内的应计活期利息于每季度活期存款结息日划转至客户账户，原定起始日至到账日之间客户资金不计息。 |
| 起始日 | 2020年5月14日 |
| 到期日 | 2021年7月26日 |
| 资金到账日 | 到期日后3个工作日内或提前终止日后3个工作日内或提前赎回日后3个工作日内 |

图 2-12　查看产品概述

同时在该页面，我们还将看到关于认购、撤单、工作日和撤单时间的详细说明，如图 2-13 所示。

| 认购起点金额 | 1万元起购，认购金额以1 000元的整数倍递增 |
|---|---|
| 提前终止或提前赎回 | 当产品资产净值低于1亿元时，工银理财有限责任公司有权终止本产品，并至少于终止日前3个工作日进行信息披露。终止日后3个工作日内将客户理财资金划入客户指定资金账户。终止至资金实际到账日之间，客户资金不计息。为保护客户权益，工银理财有限责任公司有权根据市场变动情况提前终止本产品。除本说明书另有约定的情形外，客户不得提前终止本产品。 |
| 募集期是否允许撤单 | 是 |
| 工作日 | 国家法定工作日 |
| 撤单时间 | 募集期认购交易，客户可于募集期内撤销。 |
| 产品运作方式 | 封闭净值型 |

图 2-13　查看撤单明细

由于募集期的存在，如果购买短期理财产品，一般实际收益会低很多。如张先生购买了 35 天的理财产品，金额为 1 万元，预期收益率是 2.4%，募集期是 4 天，到期获取的收益是 10 000×2.4%×35÷365=23.01（元）。如果在募集期第一天购买，在募集期 4 天是没有收益的，仅按照活期利率 0.3%

计息，共 10 000×0.3%×4÷365=0.33（元）。资金实际占用期限是 39 天，理财产品的实际收益率是（23.01+0.33）÷10 000×365÷39=2.18%，两者相差 0.22%。所以实际收益是低于预期收益的。

如果遇到节假日，募集期也是会顺延的，如果遇到国庆、春节这样的长假，募集期往往会达到 10 天以上。而银行理财产品的销售截止日期也通常不会在节假日。

因为在募集期购买的理财产品是按照活期计算利息的，那么赶在募集期的最后一天购买是否合适呢？有时候是不行的，对于一些收益相对较高，风险又适中的理财产品，如果成为热门产品，一般在发售的前几天额度就已经卖完了，最后一天可能购买不了。

所以对于理财者来说，如果想买到性价比高的理财产品，一定要考虑募集期，在自己不能确定的时候，可以咨询一下银行理财经理，看能否在募集期的最后一天购买到。

## 2.3
# 产品等级可区分

我们都知道基金是存在分级的，银行理财产品的分级与此类似，一般银行理财产品可以分为优先级和次级，它一般指的是同一款产品中的两只子产品，一只是属于优先级，一只属于次级。分级型的理财产品是根据份额及收益的分配分级设计，两种产品的风险和收益完全不同。

### 2.3.1 什么样的产品才算优先级

当产品有了一定分红的时候,首先要保证优先级的收益,再分配给次级,当产品亏损时,首先要保障优先级的产品本金,再保障次级本金,一般优先级的产品都是固定收益的,次级相对不会固定收益。

先来看一个示例。如果 A 和 B 分别出资 100 万元和 20 万元投资一家火锅店,第一年火锅店赚了 200 万元, A 根据约定拿走了 150 万元,剩余的 50 万元归 B;第二年火锅店出现亏损,投入 150 万元,只回收了 100 万元,而 A 具有优先清偿权,于是他将 100 万元全部拿走,没有收益了,但是保住了本金,而次级的 B 只能血本无归。

在这里如果把火锅店的投资看做购买一个理财产品,那么 A 就是优先级理财产品, B 就是次级理财产品。

一般分级型理财产品的收益是以分红的形式展开的,一般一年最多分红一次,并且会提前告知投资人具体的分红金额和分红方式。而分红一般会根据相应的认购份额来确定,同时要注意,不管是对分红还是其他的收益,是要缴纳一定的税款的,是由客户自行申报和缴纳。而其他的约定主要是对计息、到期日及到账日、销户等的规定。

分级型理财产品是根据优先级 + 劣后级的两层或多层结构,通过份额及收益分配结构使得处于不同级别的理财产品具有完全不同的风险和收益。类似于基金的分级产品设计。最开始银行的分级产品,一般都是保本型理财产品,优先级的风险远远低于次级,后来,分级产品的风险变大,现在一般规定,商业银行不能再发行相关分级理财产品,而商业银行的理财子公司可以发行。

### 2.3.2 分级产品迎新规

在新规中,我们首先可以看到,对于一些银行理财产品的购买起点进行了下调，如从 5 万元降低到 1 万元，有些理财产品在短期内销售没有多大变化，有些理财产品却出现了火爆的情形，但总体来说降低门槛的仍是少数。

如某理财产品，年化收益率为 5.05%，投资期限为 188 天，不仅购买起点降低，手机、网银、微信银行都能购买，还能进行转让，销售也较好。

新规延续了现行监管要求，个人首次购买理财产品时，应在银行网点进行风险承受能力评估和面签。此次银行理财新规还要求，商业银行销售理财产品，不得宣传或承诺保本保收益。

新规的"新"主要体现在拟推出分类监管，禁止发行分级理财产品、对投资资金比例投资方向设限、计提风险准备金等，具体如下：

**禁止发行**。商业银行不得发行分级理财产品。

**投资资金比例**。理财产品投资非标准化债权资产的余额在任何时点均不得超过理财产品余额的 35% 或者商业银行报告披露总资产的 4%。

**投资方向设限**。商业银行理财产品不得直接或间接投资于除货币市场基金和债券型基金之外的证券投资基金，不得直接或间接投资于境内上市公司公开或非公开发行或交易的股票及其受（收）益权，不得直接或间接投资于非上市企业股权及其受（收）益权，但面向具有相关投资经验、风险承受能力较强的私人银行客户、高资产净值客户和机构客户发行的理财产品除外。

**计提风险准备金**。商业银行应当建立理财产品风险准备金管理制度。除结构性理财产品外的预期收益率型产品，按其产品管理费收入的 50% 计提；净值型理财产品、结构性理财产品和其他理财产品，按其产品管理费收入的 10% 计提。风险准备金余额达到理财产品余额的 1% 时可以不再提取；风险准备金使用后低于理财产品余额 1% 的，商业银行应当继续提取，直至达到理财产品余额的 1%。不过，商业银行理财产品风险准备金可以投资于银行存款、国债、中央银行票据、政策性金融债券以及银保监会规定的其他资产，产生的利息收入和投资损益应当纳入风险准备金。

新规的目的还是在于对大众投资者进行保护，进一步加强银行理财的风险监管。使人们的银行理财行为更安全，风险更低。

## 2.4
# 产品条款读一读

在产品说明书中有很多条款，是不是需要每一条都记住呢？我们一般可以抓一些关键词，如前面讲过的产品名称、代码、价格、计息日、到期日以及到账日等。除了这些，还有一些条款是需要我们注意的。

### 2.4.1 怎么理解保本条款

银行理财产品根据收益来分类可以分为保证收益类、保本浮动收益类和非保本浮动收益类，前面两类都可以归结为保本类，第三类属于非保本类。对于保证收益类产品，本金和收益银行都是保证的；而保本浮动收益类产品，银行只保证银行的本金，而收益不保证；非保本浮动收益类产品，本金和收益都是不保证的，一般在产品说明书中会对于是否保本进行详细说明。

**案例实操**

**在工商银行理财产品说明书中看保本条款**

首先，打开理财产品的说明书，我们可以看到关于风险揭示书、产品类型、产品期限和产品风险评级等的详细说明，如图 2-14 所示。

| 风险揭示书 | |
| --- | --- |
| 理财非存款、产品有风险、投资须谨慎。中国工商银行郑重提示：在购买理财产品前，客户应仔细阅读理财产品销售文件，确保自己完全理解该项投资的性质和所涉的风险，详细了解和审慎评估该理财产品的资金投资方向、风险类型及预期收益等基本情况，在慎重考虑后自行决定购买与自身风险承受能力和资产管理需求匹配的理财产品；在购买理财产品后，客户应随时关注该理财产品的信息披露情况，及时获取相关信息。 | |
| 产品类型 | 保本浮动收益型 |
| 产品期限 | 无固定期限 |
| 产品风险评级 | PR1 |

图 2-14  查看产品说明书

同时在该页面，我们还将看到关于本金的重要说明，如图 2-15 所示，银行对于该理财产品的本金提供保证的承诺，但是收益不保证。

| 重要提示 | 本理财产品有投资风险，工商银行对本理财产品的本金提供保证承诺，不保证理财收益，您应充分认识投资风险，谨慎投资。本理财产品的总体风险程度很低，工商银行承诺本金的完全保障。理财产品的投资方向为低风险的投资品市场，投资收益受宏观政策和市场相关法律法规变化、投资市场波动等风险因素影响很小，产品收益较为稳定。在发生最不利情况下（可能但并不一定发生），客户可能无法取得收益。请认真阅读理财产品说明书第六部分风险揭示内容，基于自身的独立判断进行投资决策。 |
| --- | --- |

图 2-15  查看保本条款 1

一般保本类产品在说明说中都会有类似的保证承诺，而对于非保本类的理财产品，一般不会有该保本条款，如图 2-16 所示。我们可以看到对于该类理财产品，银行不提供产品本金和收益的保证，产品的本金和收益会受宏观政策和市场相关法律法规变化、投资市场波动等风险因素影响，但客户在期望高收益的同时，也可能面临无法取得收益，并可能面临损失本金的风险。

对于产品的保本条款，一般在产品说明书的前几页就会进行说明，如果不保本，不保证收益同样也会进行说明。我们在阅读产品说明书时，不要漏掉，该内容一般都会体现在产品说明书的重要提示一栏。所以，在购买之前，一定要看清楚，不要将非保本浮动收益看作保本浮动收益。

| 重要提示 | 工商银行对本理财产品的本金和收益不提供保证承诺。<br>本理财产品的总体风险程度较低，工商银行不承诺本金保障但客户本金损失的可能性很小。理财产品的投资方向主要为低风险、低收益的投资品市场，产品的本金及收益受宏观政策和市场相关法律法规变化、投资市场波动等风险因素影响较小。<br>在发生最不利情况下（可能但并不一定发生），客户可能无法取得收益，并可能面临损失本金的风险。请认真阅读理财产品说明书第七部分风险揭示内容，基于自身的独立判断进行投资决策。 |
|---|---|

图 2-16　查看保本条款 2

## 2.4.2　购买条款聊一聊

对于产品的购买，我们是需要考虑购买时间的，特别是前面我们说过产品存在募集期，如果购买短期的理财产品，而募集期又较长，那么相对来说是不划算的。除了我们自身对于购买时间、购买渠道的斟酌之外，在产品说明书中，一般也会对于购买的规则进行一定的说明。

**案例实操**

**在建设银行理财产品说明书中看购买规则**

首先，打开理财产品的说明书，我们可以看到关于产品编号、产品名称、产品募集方式以及产品类型等的详细说明，该类产品为固定收益类、非保本浮动收益型理财产品，如图 2-17 所示。

**中国建设银行"乾元—恒赢"60 天（大众版）周期型开放式**
**净值型人民币理财产品说明书**

**一、产品要素**

| 产品编号 | SN072019000060D01 |
|---|---|
| 全国银行业理财信息登记系统编码 | C1010519007755<br>可依据该编码在中国理财网（www.chinawealth.com.cn）上查询产品信息 |
| 产品说明书版本 | 2020 年第 4 版 |
| 产品中文商业全称 | 中国建设银行"乾元—恒赢"60 天（大众版）固定收益类周期型开放式净值型人民币理财产品 |
| 产品专业名称 | 中国建设银行"乾元—恒赢"60 天（大众版）固定收益类周期型开放式净值型非保本浮动收益型人民币理财产品 |
| 产品募集方式 | **公募** |
| 产品类型 | **固定收益类、非保本浮动收益型** |

图 2-17　查看建设银行理财产品说明书

同时在该页面，我们还可以看到，关于购买规则的详细说明，可分为在募集期购买和在存续期购买，在不同的时间段购买，需要遵循的规则是不一样的。如规定，如果在募集期购买，那么从购买日到产品成立日时，需要将相应的资金存入相应的账户，在募集期间，该笔资金按照活期计息，而认购期的利息是不计入本金的，具体如图 2-18 所示。

| 购买规则 | 本产品以金额申购。<br>1. 募集期购买：<br>客户可以在募集期进行认购/认购追加/认购撤单。<br>募集期产品单位净值为 1 元，购买份额=购买金额÷1 元。<br>客户将认购资金存入客户指定账户之日至本产品成立日（不含）期间，客户可获得认购资金的活期存款利息，认购期内的利息不计入投资本金。<br>2. 存续期购买：<br>客户可以在产品申购开放日提交申购/追加申购申请。<br>申购遵循"未知价"原则，即申购/追加申购价格以申购确认当日前一自然日的产品单位净值为基准进行计算。**产品管理人在申购日后 2 个工作日对该交易的有效性进行确认并进行资金扣划。**<br>申购份额=申购金额÷申购确认当日前一自然日产品单位净值<br>客户多笔申购本产品时，按照上述公式逐笔计算申购份额后加总。<br>申购份额按照四舍五入原则，保留至小数点后 4 位。 |
| --- | --- |

图 2-18　购买规则说明

从上图中我们还可以知道，如果是在存续期内购买，产品的购买就是申购，而申购遵循"未知价"原则，采用公式：申购份额＝申购金额÷申购确认当日前一自然日产品单位净值。

从产品说明书中，我们可知无论在募集期还是存续期购买，主要是进行产品份额的确认，如募集期遵循将购买金额与单位净值商化，而存续期购买份额主要采用"未知价"原则。

当然有购买就有赎回（赎回也叫兑付），说明书中一般也会对赎回进行一定的说明，同样是上述产品的同一说明书，其中对到期的金额、到期兑付的规则进行了简单说明，如图 2-19 所示。

通过图中我们可以看到，产品的期限是无固定期限的，它以周期运营，而一个周期为 60 天，投资者通过购买周期份额持有该产品。

在上述兑付规则中，我们要重点理解加粗部分的内容，即"产品管理人于到期日后 2 个工作日兑付到期资金"，这就说明，产品的到账日是在到期日之后的两个工作日内，一般遇到非工作日会顺延。而在计算实际收益时，一般会加上顺延的时间天数，具体以银行公布为准。

| 兑付规则 | 客户持有资金以周期运营。<br>客户可以在每个持有周期到期日前7个自然日之前修改持有周期份数，在到期日（含）前7个自然日内，不能修改。产品管理人根据客户设置周期数到期后，兑付客户投资本金及收益。<br>产品资金兑付遵循"未知价"原则，即兑付价格以该持有周期到期兑付当日前一自然日的产品单位净值为基准进行计算。**产品管理人于到期日后2个工作日兑付到期资金。**<br>到期金额＝到期份额×持有周期到期兑付当日前一自然日产品单位净值<br>到期金额按照四舍五入原则，保留至小数点后2位。 |

图 2-19　购买规则说明

## 2.4.3　投资范围有多大

购买银行理财产品的本质是银行将我们投资的本金进行一定的项目投资。那么投资种类有哪些？范围有多大呢？

不同类型的产品，投资去向是不同的，如固定收益类和浮动收益类，它们的投资范围是存在一定的差别的。

**案例实操**

**在建设银行理财产品说明书中看投资范围**

在理财产品的说明书中，我们可以看到在投资管理里的投资范围说明，本产品为固定收益类的理财产品，我们投入的资金，主要被银行用于现金类资产（0～90%）、货币市场工具（0～80%）、货币市场基金（0～30%）、标准化固定收益类资产（0～95%）的投资，具体如图 2-20 所示。

与固定收益类理财产品相比，非固定收益类的银行理财产品在投资范围和投资比例上是存在一定差异的，同样以建设银行的浮动收益类的理财产品为例进行说明，如图 2-21 所示。

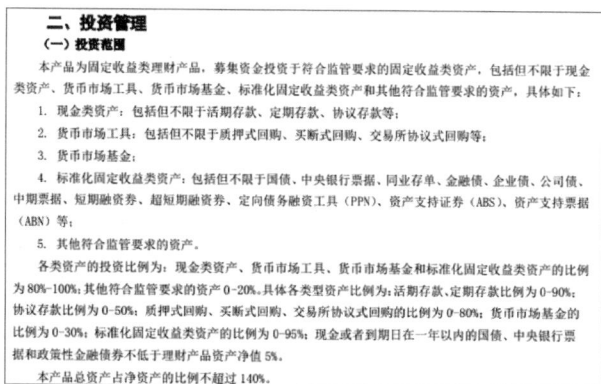

**图 2-20　投资范围说明 1**

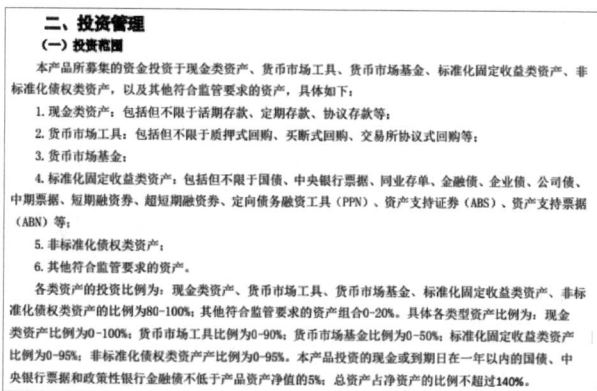

**图 2-21　投资范围 2**

　　一般投资的范围，即投资的品种与固定收益类大体相同，不同之处在于每一品种的具体投资比例上，如该产品现金类资产比例为 0 ~ 100%；货币市场工具比例为 0 ~ 90%；货币市场基金比例为 0 ~ 50%；标准化固定收益类资产比例为 0 ~ 95%；非标准化债权类资产比例为 0 ~ 95%。

　　而其中的大类资产下还可以细分，如现金类资产包括常见的活期存款、定期存款和协议存款等，而货币市场工具主要包括质押式回购、买断式回购和交易所式回购，而标准化固定收益类资产则包括国债、央行票据、企业债、公司债和金融债等。

一般投资的比例不是永远不变的，银行会根据政策以及市场情况做出一定的调整，如在建设银行的产品说明书中我们可以看到，如果因为市场变化导致的资产投资比例大于相应的区间，可能对于客户的收益带来一定的影响，那么建设银行将及时调整比例范围、投资品种等，但是会提前公告，如果你不同意调整的，可根据产品说明书的约定，修改持有的份额。

但一般不同的银行对于调整的时间是不同的，如建设银行只说明了会在调整前两个工作日进行公告，而工商银行一般在 10 个工作日内调整至上述比例范围，具体应以产品说明书为主。

在看投资范围的时候，我们还可以对投资团队进行一定的了解，如参与的主体，包括发售银行及理财投资合作机构，从而判定产品的投资风险大小，同样以上述理财产品的说明书为例。

在该理财产品说明书中，我们可以看到投资的团队主要为中国建设银行陕西省分行，且作为产品的管理人和产品的托管人，而合作的理财投资机构则为建信资本管理有限责任公司，该公司主要根据相关合同，对受委托的资金进行投资和管理，具体如图 2-22 所示。

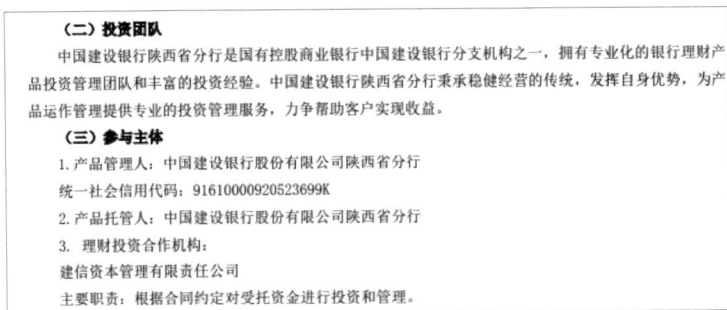

**（二）投资团队**

中国建设银行陕西省分行是国有控股商业银行中国建设银行分支机构之一，拥有专业化的银行理财产品投资管理团队和丰富的投资经验。中国建设银行陕西省分行秉承稳健经营的传统，发挥自身优势，为产品运作管理提供专业的投资管理服务，力争帮助客户实现收益。

**（三）参与主体**

1. 产品管理人：中国建设银行股份有限公司陕西省分行
统一社会信用代码：91610000920523699K
2. 产品托管人：中国建设银行股份有限公司陕西省分行
3. 理财投资合作机构：
建信资本管理有限责任公司
主要职责：根据合同约定对受托资金进行投资和管理。

图 2-22　投资团队及参与主体

在查看产品说明书时，一般我们还常看见两个时间，即开放日和工作日。

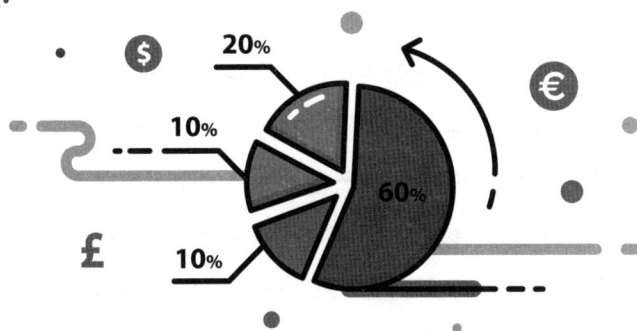

**银行理财**

# 第 3 章

## 产品投资方向这样追

我们购买的银行理财产品不是定期存款，本金不是简单地存于银行，银行是会做一定的项目运作的，比如产品投资。那么产品投资方向是怎样的呢？本章将给出答案。

## 3.1
# 稳健保本型

和定期存款一样，稳健保本是银行理财产品的一大特色，不管购买起点金额是1万元，还是5万元。我们知道银行的理财产品一般可以分为保本型和非保本型，对于购买银行产品的投资，一般也可分为保本类投资和非保本浮动收益投资。而保本投资里又可以分为保本固定收益投资和保本浮动收益投资，可以简单理解为稳健保本投资和稳健浮动投资；而非保本浮动收益类投资可以理解为风险偏好者投资。本节首先介绍稳健保本型产品的投资。

### 3.1.1 工商银行 BBWL35 产品详情

对于稳健保本类的投资，一般常见的就是一些保本稳利类的投资，如工商银行推出的系列产品。

**案例实操**

在工商银行官网中查看 BBWL35 产品详情

进入工商银行的官网首页（http://www.icbc.com.cn），我们可以看到有账户服务、存款与贷款、信用卡、外汇业务以及投资理财等菜单栏目，我们可以选择自己感兴趣的栏目进行了解，而每一个栏目下又有很多产品或服务，如投资理财栏目下的理财，在菜单栏的"投资理财"栏目下，单击"理财产品"超链接，如图 3-1 所示，进行理财产品类型查看。

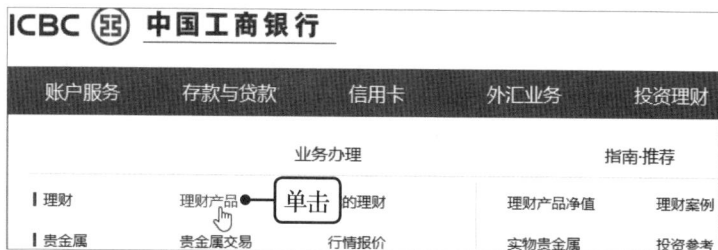

图 3-1  单击"理财产品"超链接

在打开的页面中，我们可以直接输入产品名称或者代码，或者根据产品期限、产品风险等级、收益类型、币种等来搜寻相关产品，在这里我们直接输入产品代码"BBWL35"，然后单击"搜索"按钮，如图 3-2 所示。

图 3-2  搜索产品

在该页面的下方，我们可以看到具体的搜索结果，其中展示了产品的名称、代码、业绩比较基准、起购金额、投资期限、产品风险等级和最近购买开放日等信息，如图 3-3 所示。

图 3-3  查看搜索结果

当然我们在该页面，还可以看到同类型的产品，选择该产品，进行说明书的下载，这里很简单，不做详细说明。

而在下载好的产品说明书中，我们可看到 BBWL35 产品详情描述，首先是产品的风险揭示书、产品类型、产品期限和产品风险评级等，如图 3-4 所示。

ICBC 中国工商银行

**中国工商银行保本型个人35天稳利人民币理财产品说明书**

| 风险揭示书 | |
|---|---|
| **理财非存款、产品有风险、投资须谨慎** 中国工商银行郑重提示：在购买理财产品前，客户应仔细阅读理财产品销售文件，确保自己完全理解该项投资的性质和所涉及的风险，详细了解和审慎评估该理财产品的资金投资方向、风险类型及预期收益等基本情况，在慎重考虑后自行决定购买与自身风险承受能力和资产管理需求匹配的理财产品；在购买理财产品后，客户应随时关注该理财产品的信息披露情况，及时获取相关信息。 | |
| 产品类型 | 保本浮动收益型 |
| 产品期限 | 无固定期限 |
| 产品风险评级 | PR1 |

图 3-4　产品说明书

产品说明书就是对于产品详情的描述，在上一章节我们对于如何阅读产品说明书做了详细的讲解，这里不再重复介绍。在这里我们要注意，收益不是固定的，但是该类产品收益是保本的且浮动的，而且我们说过，预期收益和实际收益是存在差别的，预期收益仅做参考，实际应以到期时的收益为准。

## 3.1.2 BBWL35 购买收益

任何一款理财产品的购买都是为了获得相应的收益，不管是稳健也好，浮动也罢，那么 BBWL35 的收益该如何计算呢？其计算方式是一种还是多种呢？

**案例实操**

## 在 BBWL35 产品说明书中计算收益

在 BBWL35 的产品说明书中，我们可以看到，该产品的收益可以通过 3 种方案进行计算，不同的方案，计算的结果是不同的。如本金都为 5 万元，投资周期都为 35 天，但是如果投资周期顺延，如实际投资周期增加 3 天，那么收益计算是不一样的，如图 3-5 所示的情景一和情景二，情景一展示的是正常的到期赎回的收益预测，情景二展示的是投资周期延期后的收益预测，相对来说，实际投资周期越长，收益越高。

当然，如果客户的实际投资周期顺延，同时该产品的业绩基准也进行了调整，那么在下一个周期赎回时，产品的收益是分时段计算的，如图 3-5 情景三所示。

> **四、理财收益计算及分配**
>
> （一）理财收益测算
>
> 情景一（客户未选择自动再投资）：
>
> 在理财资金投资正常的情况下，以某客户投资5万元，35天投资周期为例，客户未选择自动再投资，投资周期结束后，客户最终收益为：
>
> 50 000×2.4%×35÷365=115.07（元）。
>
> 情景二（客户未选择自动再投资，投资周期顺延）：
>
> 在理财资金投资正常的情况下，某客户投资5万元，按照35天投资周期计算，资金到账日为非工作日，此时投资周期顺延，实际投资周期为38天，客户未选择自动再投资，则客户最终收益为：
>
> 50 000×2.4%×38÷365=124.93（元）。
>
> 情景三（客户选择了自动再投资，业绩基准发生调整）：
>
> 在理财资金投资正常的情况下，某客户投资5万元，客户购买时选择"是"自动再投资，自动再投资的期数选择为"1"期；第一个投资周期，产品的业绩基准为2.4%，实际投资周期为35天；第二个投资周期产品业绩基准发生了调整，调整为2.5%，实际投资周期为35天，则客户最终收益为：
>
> 50 000×2.4%×35÷365+50,000×2.5%×35÷365=234.93（元）。

**图 3-5　BBWL35 收益计算**

如上图所示，BBWL35 产品的收益计算应具体问题具体分析，如是否延期，或者延期以后产品的业绩基准是否进行了调整。一般产品的预期收益可以根据相应的公式进行计算，在上一章节已经进行了说明。

我们知道，投资有风险，虽然风险极低，但是仍然有一定风险存在，一般银行对于产品的收益也会做最不利的情形说明。如图 3-6 所示，对于 BBWL35 产品，根据同类产品的运作，一般是运作良好的，但是也只能代表过去的数据。而对于该产品，最不利的情况就包括产品到期会发生延期支付的情形，简单理解就是到账日会延期，如本来在 6 月 5 日到账，但 6 月 5 日客户的投资账户上仍未收到相应的本金及收益，此时，就出现了延期的情形，有的银行会对于延期做相应的约定。

除此之外还包括，产品收益的全额收回被影响，简单来说就是原本预算的 100% 收益可能只能收回 80%，但无论哪一种不理想结果，最终影响的是客户的投资收益，银行对于本金是保障的。

> **（二）最不利情况分析**
>
> 鉴于产品的合理设计、投资团队的尽职管理和有效运作，工商银行此类产品以往业绩表现良好，获得了满意的投资回报。但历史数据代表过去，仅供客户决策参考，最终收益要以到期实际实现收益为准。
>
> **最不利的投资情形和投资结果，主要体现为：一是产品到期可能发生的延期支付；二是产品投资的资产折价变现，可能影响产品收益实现的全额收回。产生上述可能结果的原因主要包括：一是投资的资产或资产组合目前受限于二级流通市场缺失，存在流动性风险；二是投资的债券品种受市场价格波动影响，存在市场风险；三是投资的资产或资产组合涉及的融资人和债券发行人因违约造成的风险。如发生上述最不利的投资情形和投资结果，客户将面临收益损失的风险。**

图 3-6　收益不利情形

任何投资都是有风险的，上述收益的最坏情况，说到底还是产品的风险，那么 BBWL35 都有哪些风险呢？

### 3.1.3　BBWL35 购买风险

我们知道在购买理财产品之前，会做相应的风险测试，但是该风险测试针对的是客户本身，而非产品的风险。而对于产品的风险，在产品说明书中，除了产品风险等级之外，一般还有详细的风险揭示，除了我们常见的一些理财风险，还应包括该产品的特殊风险。

**案例实操**

## 在 BBWL35 产品说明书中查看风险

在 BBWL35 的产品说明书中，我们可以看到，因为该产品的收益浮动，所以存在一定的投资风险，具体包括政策风险、信用风险、市场风险以及流动性风险等，如图 3-7 所示。

**五、风险揭示**

本产品类型是"保本浮动收益型理财产品"，根据法律法规及监管规章的有关规定，特向您提示如下：与银行存款比较，本产品存在投资风险，您的收益可能会因市场变动等原因而蒙受损失，您应充分认识投资风险，谨慎投资。本期理财产品可能面临的风险主要包括：

（一）政策风险：本产品在实际运作过程中，如遇到国家宏观政策和相关法律法规发生变化，影响本产品的发行、投资和兑付等，可能影响本产品的投资运作和到期收益。

（二）信用风险：客户面临所投资的资产或资产组合涉及的融资人和债券发行人的信用违约。若出现上述情况，客户将面临收益遭受损失的风险。

（三）市场风险：本产品在实际运作过程中，由于市场的变化会造成本产品投资的资产价格发生波动，从而影响本产品的收益，客户面临收益遭受损失的风险。

（四）流动性风险：除本说明书第七条约定的客户可提前赎回的情形外，客户不得在产品存续期内提前终止本产品，面临需要资金而不能变现的风险或丧失其他投资机会。

**图 3-7　风险揭示 1**

如图所示，其中政策风险主要是产品的发行、投资及兑付等可能受到国家政策及相关法律法规的影响，从而对于投资运作的收益产生一定的影响；而信用风险则主要体现在银行将客户的资金用作一些项目投资而遭到了信用违约，从而给客户的收益带来一定的影响；市场风险主要体现在产品因市场的变动，收益面临一定的风险；流动性风险主要体现在客户因不能提前赎回，在急需资金时，不能变现的风险。

除了如上的风险，该产品还存在产品不成立风险、提前终止风险、交易对手管理风险、兑付延期风险、不可抗力及意外事件风险以及信息传递风险等，如图 3-8 所示。其中，产品不成立风险主要体现在产品在募集期因为募集规模低于最低规模或者其他因素导致的产品不能成立上，此时投资者就将面临相应的再投资风险；提前终止风险是银行可根据市场变化情况提前终止该产品，从而导致投资者面临不能按照预期的投资期限取得相应的预期收益的风险；交易对手风险主要指的是交易对手受经验、技能及执行力等综合因素的限制，可能会影响本产品的投资管理，从而影响本产品的到期收益；兑付延期风险主要指在如因本产品投资的资产无法及时变现等原因造成不能按时支付本金和收益，客户将面临产品期限延期、调整等风险。

不可抗力及意外事件风险主要指因自然灾害、战争等不能预见、不能避免、不能克服的不可抗力事件等对于产品的成立、投资兑付、信息披露以及公告通知等影响，从而给客户的收益带来损失的风险。

而其中很重要的是信息传递风险，其主要体现在客户预留的联系方式发生变化后，未及时通知银行，从而使银行在做一些决策时未能及时联系到客户，从而影响投资决策。

> （五）产品不成立风险：如果因募集规模低于说明书约定的最低规模或其他因素导致本产品不能成立的情形，客户将面临再投资风险。
>
> （六）提前终止风险：为保护客户利益，在本产品存续期间工商银行可根据市场变化情况提前终止本产品。客户可能面临不能按预期期限取得预期收益的风险以及再投资风险。
>
> （七）交易对手管理风险：由于交易对手受经验、技能、执行力等综合因素的限制，可能会影响本产品的投资管理，从而影响本产品的到期收益。
>
> （八）兑付延期风险：如因本产品投资的资产无法及时变现等原因造成不能按时支付本金和收益，则客户面临产品期限延期、调整等风险。
>
> （九）不可抗力及意外事件风险：自然灾害、战争等不能预见、不能避免、不能克服的不可抗力事件或系统故障、通讯故障、投资市场停止交易等意外事件的出现，可能对本产品的成立、投资、兑付、信息披露、公告通知等造成影响，客户将面临收益遭受损失的风险。对于由不可抗力及意外事件风险导致的任何损失，客户须自行承担，银行对此不承担任何责任。
>
> **（十）信息传递风险**
>
> **工商银行将按照本说明书的约定进行产品信息披露，客户应充分关注并及时主动查询工商银行披露的本产品相关信息。客户预留的有效联系方式发生变更的，亦应及时通知工商银行。如客户未及时查询相关信息，或预留联系方式变更未及时通知工商银行导致工商银行在其认为需要时无法及时联系到客户的，可能会影响客户的投资决策，因此而产生的责任和风险由客户自行承担。**

图 3-8　风险揭示 2

对于产品的风险揭示条款，我们要逐条理解，对于不能理解的部分，可以咨询相应的理财经理，看产品的风险是否在可接受范围内，是否与自己的风险测试相匹配，从而再确定是否购买。

### 3.1.4  BBWL35 价格、费用及流程

对于产品的价格，我们可以理解为就是投资的起投金额，如 BBWL35 的起投金额为 1 万元，以 1 000 元的整数倍递增，且追加购买最低金额为 1 000 元，以 1 000 元的整数倍追加，简单理解就是该产品的价格最低在 1 万元，或者 1.2 万元、1.5 万元、5 万元。

一般购买理财产品是需要一定的费用的，常见的如托管费、手续费和管理费等，对于 BBWL35 的费用，详见产品说明书。

**案例实操**

**在 BBWL35 产品说明书中查看费用**

在 BBWL35 的产品说明书中，我们可以看到，该产品的费用主要包括托管费、销售手续费和管理费等，如图 3-9 所示。

| | |
|---|---|
| 托管费率（年） | 0.03% |
| 销售手续费率（年） | 0% |
| 管理费用 | 该产品在扣除工商银行托管等费用，并按当前业绩基准实现客户收益后仍有剩余收益时，剩余收益部分作为产品投资管理费 |
| 业绩基准 | 本产品拟投资0～80%的债券、存款等高流动性资产，20%～100%的债权类资产，0～80%的其他资产或资产组合。按目前市场收益率水平，扣除托管费后，购买金额1万元～5万元（不包含）业绩基准为2.35%（年化），5万元及以上业绩基准为2.4%（年化）。测算收益不等于实际收益，投资需谨慎。工商银行将根据市场利率变动及资金运作情况不定期调整产品业绩基准，并至少于新业绩基准启用前3个工作日公布。每个投资周期对应的业绩基准以每个投资周期起始日的产品业绩基准为准，并于该投资周期内保持不变。选择了自动再投资的客户，如遇产品业绩基准调整，客户持有产品期间，单个投资周期内收益率不变，但每个投资周期的收益率可能不同 |

**图 3-9  产品费用**

从上图中我们可知，该产品的托管费率为 0.03%，销售费用为 0，而管理费则是根据产品的业绩基准实现后，将剩余收益的部分作为相应的投资管理费，而对于业绩的基准，银行会根据市场利率及资金运作等进行不定

期的调整。

我们要注意，BBWL35 的产品业绩基准测算一般仅供参考，并不作为工商银行向客户支付本产品收益的承诺；客户所能获得的最终收益以工商银行的实际支付为准，且不超过本说明书约定的业绩基准。

而对于该产品的购买，同样可以在产品募集期和成立期购买。而不管在哪一时期购买，网点营业时间及网上银行 24 小时都接受购买申请，BBWL35 每周一、周四为投资周期成立日，在成立日购买时，银行扣款并确认购买份额，成立日须为工作日，遇非工作日就要顺延至下一成立日。每周一、周四客户提交的购买申请于下一成立日扣款并确认购买份额。

银行暂停申购一般包括两种情形，一是当该产品运作规模上限为 800 亿，超过上限后，工商银行有权暂停申购；二是单个开放日，本产品的申购资金超过上一日产品总规模的 10% 后，工商银行有权暂停申购。

BBWL35 存在自动再投资的功能，如图 3-10 所示的内容。一般需要在购买时选择"是"或者"否"，当选择"是"后，投资周期完成后，本金进入下一个投资周期，投资收益分配到投资账户。

| 自动再投资 | 为方便客户投资，本产品提供自动再投资功能。客户可根据自身需要选择使用。 在自动再投资功能下，当客户选择"是"时，将进行自动再投资，即：在当前投资周期结束后，客户该笔购买资金本金全部自动进入下一投资周期，该笔资金已获得的本投资周期收益于本投资周期结束日次日以分红形式分配到客户账户。 在开通自动再投资后，客户还可选择自动再投期数，1~10 期及无限期；如客户选择 1 期，则本投资周期结束后，资金再投资 1 个投资周期后自动返还至客户账户；如客户选择无限期，则客户该笔购买资金于每个投资周期结束后自动进入下一投资周期，无限循环，直至客户最终修改自动再投期数方可退出。 遇产品业绩基准调整，选择了自动再投资的客户，投资的多个投资周期可能对应不同的业绩基准。 同时，客户也可根据自身需要选择不开通自动再投资功能。如不选择自动再投资功能，客户投资将在第一个投资周期后结束。 |
|---|---|
| 修改自动再投资 | 客户可于本投资周期结束日之前（含当日）就"是/否"自动再投资以及自动再投期数进行修改 |

图 3-10  自动再投资

当我们不想自动进入到下一个投资周期时，可以在本投资周期结束前，修改自动投资功能，将"是"改为"否"。

# 3.2
# 稳健浮动型

我们知道，银行会将客户购买的理财产品的本金用于一些项目投资，从而获得相应的投资收益，并将投资收益根据购买份额分配给客户。而这些投资，相对来说都是一些稳健的但收益浮动的投资，如债券、基金及票据等。

## 3.2.1 可投资的债券品种

如果银行将客户的本金主要投资于债市，客户购买的理财产品也可以理解为债券型理财产品，银行通过募集客户的资金，投资到不同的债券品种，在到期之后，向客户结算相应的投资收益。投资的主要对象包括短期国债、金融债、央行票据等期限短以及风险低的金融工具。

在了解可投资的债券品种之前，首先我们得明白债券都有哪些品种。根据不同的划分方式，可以分为不同的品种，具体如下：

**按照发行主体划分**。根据不同的发行主体可将债券分为政府债券、金融债券和企业债券。政府债券的发行主体是政府，一般包括常见的国债、地方债，重点是国债；金融债券简单说就是由银行和非银行金融机构发行的债券，在我国主要由一些政策性银行发行；企业债券是企业根据相应的法定程序发行，并和客户约定在一定时期内还本付息的债券，其发行的主体主要是一些股份公司，当然也有一些企业债是非股份有限公司发行的，具体应视情况而定。

**按财产担保划分**。根据是否有财产担保可将债券分为抵押债券和信用债券。抵押债券是以发行主体的财产作为担保的债券，根据不同的抵押品又可以分为一般抵押债券、不动产抵押债券、动产抵押债券和证券信托抵押债券；信用债券简单理解就是没有任何担保物，完全是根据发行主体的信用发行的债券，国债和地方债都属于此类。

**按形态划分**。根据债券的表现形态。一般可分为实物债券、凭证式债券和记账式债券。实物债券简单理解就是债券是有具体实物形态的，比如纸质的，而非一串数字，一般在该纸质债券上有面额、利率和期限等信息；凭证式债券就是我们常见的国债，从购买之日起计息，可记名、可挂失，但不能上市流通；记账式债券与实物债券相反，它没有实物形态，一般通过电脑记录债权，通过证券交易所的交易系统发行和交易，发行和交易都实现了无纸化。

**按转换股票划分**。根据债券是否能转换为公司股票可将债券分为可转换债券和不可转换债券。可转换债券是在一定的时期内，通过某一比例，将持有的债券转换成普通股的债券；不可转换债券则与此相反，债券不可能转换成普通股。

**按付息方式划分**。根据债券的付息方式一般可将债券分为零息债券、定息债券和浮息债券。零息债券又叫贴现债券，是在债券的票面上没有规定相应的利率，一般会根据相应的折扣利率低价发行，到期却按照面值来支付利息的债券；定息债券是在债券的票面上已经具有相应的利率，最终根据票面利率支付债券持有人相应的利息的债券；浮息债券简单来说就是债券的利率根据市场变动而变动的债券，该类债券一般常见于一些中长期的债券。

**按是否可提前偿还划分**。根据债券是否可提前偿还可将其分为可赎回债券和不可赎回债券。可赎回债券简单来说就是持有人不用等到债券到期才赎回，可在到期前，根据相应的约定提前赎回，要重点关注赎回时间和赎回价格；不可赎回债券简单理解就是持有的该债券不能提前进行赎回。

**按偿还方式划分**。根据债券的偿还方式可将其分为一次到期债券和分期到期债券。一次到期债券简单理解就是当债券到期以后，债券的发行人将一次性地偿还持有人的债券本金；分期到期债券是在发行的时候，发行人就告知持有人，该债券将分批次的到期，因此，最终本金的偿还也是分批次的。

一般购买债券型的理财产品,要面临利率风险、汇率风险和流动性风险。利率风险主要由存款利率的变化导致；汇率风险则是体现在外币债券型理财产品上；流动性风险主要体现在本金的占用，一般银行理财产品是不可以提前赎回的，除非特殊情况。

## 3.2.2 怎么看国债与地方债

国债和地方债都是政府为发行主体，且风险相对较低的债券，那么两者之间又有哪些区别呢？如表 3-1 所示。

表 3-1　国债和地方债的区别

| 区别项 | 债券名称 | 说　　明 |
| --- | --- | --- |
| 发行主体 | 国债 | 国债是中央政府为了筹集财政资金而发行的一种债权债务凭证 |
| | 地方债 | 地方债是地方及地方公共机构为筹集资金而发行的债权债务凭证 |
| 偿还资金 | 国债 | 国债的偿还资金一般是国家的财政收入 |
| | 地方债 | 地方债的偿还资金一般是地方政府的当地的财政收入 |

续表

| 区别项 | 债券名称 | 说　明 |
|---|---|---|
| 承担的风险 | 国债 | 国债一般是中央政府担保，所以安全性较高，相对风险较低 |
| | 地方债 | 地方债是由地方政府偿还本利息，安全性低于国债，风险比国债高一点 |
| 投资方向 | 国债 | 国债一般是用于一些政策性的投资 |
| | 地方债 | 地方债一般主要用于地方建设 |
| 利息收入 | 国债 | 一般国债的利率会根据市场利率有一定的调整，不同的时期，利率会有一定的变化，如近年来利率在2.5% ~ 4.27% |
| | 地方债 | 地方债的利率同样在一定程度上受到市场利率的影响，一般情况下，地方债的年化收益率在3% ~ 6% |
| 产品分类 | 国债 | 国债可分为记账式国债和储蓄式国债 |
| | 地方债 | 地方债可分为一般债券和专项债券 |
| 购买渠道 | 国债 | 记账式国债可选择在证券交易系统、网银、柜台购买，而储蓄式国债一般在网银或者柜台购买 |
| | 地方债 | 地方债的两种债券都可以选择在证券交易系统或者银行购买 |

不管是国债还是地方债，相对来说，风险都是极低的。除了国债，国家还会发行特别国债，那么特别国债是什么呢？

特别国债是具有特定用途的国债，如增补四大国有专业银行的资本金，一般国债的收入和支出都是有时间落差的，而特别国债没有，即收即支。一般只有面向社会公开发行的特别国债，个人才能购买，而一般的国债的投资对象就是个人，特别国债的期限一般相对固定，如7年或者10年，而普通国债一般可分为短期、中期和长期，其中最短为1年以内，最长超过

10 年；一般普通国债每年都会发行，而特别国债发行次数较少。

### 3.2.3 公司债与企业债有何区别

我们知道，公司在某种程度上就是企业，那么可不可以理解为，公司债就是企业债的一部分呢？两者的区别一般可以从以下几方面去理解：

◆ 定义

公司债和企业债都是根据法定程序，向债券持有人承诺在一定时期还本付息的债券。

◆ 发行主体

公司债的发行主体就是股份有限公司或者有限责任公司，非公司制企业一般不得发行债券；企业债的发行主体是中央政府部门所处机构、国有独资企业及国有控股企业。

◆ 发行条件

公司债的发行条件相对于企业债更宽松，限制也更少。

◆ 资金用途

公司债募集的资金一般用于公司的经营，如固定资产投资、技术更新改造、调整资产结构、降低成本、公司并购或重组等；而企业债主要用在固定资产投资及技术更新改造方面。

◆ 担保形式

公司债的发行一般没有担保；而企业债则一般会由银行或集团实行担保。不同的公司债根据公司的信用基础不同，存在一定的差别；企业债相对来说信用基础更高。

◆ 发行定价

公司债的最终定价一般由发行人根据相应的市场询价确定，而企业债要求发行的债券利率一般不能高于同期银行存款利率的 40%。

◆ 发行管制

公司债一般可以申请一次核准，多次发行，而企业债券一般要求在审批完成以后，一年内发行完毕。

一般公司发行公司债应当符合《中华人民共和国证券法》规定的发行条件。除规定的企业外，任何单位和个人不得发行企业债。

## 3.2.4 可转债怎么买

可转债相对其他债券来说比较特殊，债券的持有人可以将该债券持有到期，获得相应的利息收入，也可以选择在适当时机转换成公司股票，变为持有股票。有人认为可转债，涨时猛如股，跌时稳如债。

那么，可转债怎么买卖呢？在买卖可转债之前，我们首先来了解一下其交易规则。

**交易门槛**。一般可转债的面值为 100 元，而最小交易单位为 10 张，即 1 000 元，称为"一手"。

**交易时间**。交易时间一般遵循 T+0 制度，在交易当天即可买进卖出。

**交易费用**。一般以佣金的方式收取，不同的交易所收取的金额不同，一般不收取印花税。

**交易限制**。和债券一样，一般在交易当天没有涨跌停的限制。

**交易收入**。可转债的收入一般会以多种形式呈现，如利息收益、买卖差价及转股套利等。

在可转债交易之前，是需要一定准备工作的，如开通相应的证券账户。如何购买可转债呢？简单介绍步骤如下：

### 1. 了解一下市场有哪些可转债可交易

登录深圳证券交易所的官网（http://www.szse.cn），我们可以看到，在该页面的菜单栏有很多栏目，如首页、发行上市、信息披露、市场数据和法律规则等，在"市场数据"栏目下，单击"可转换债券"超链接，查看相应产品，如图 3-11 所示。

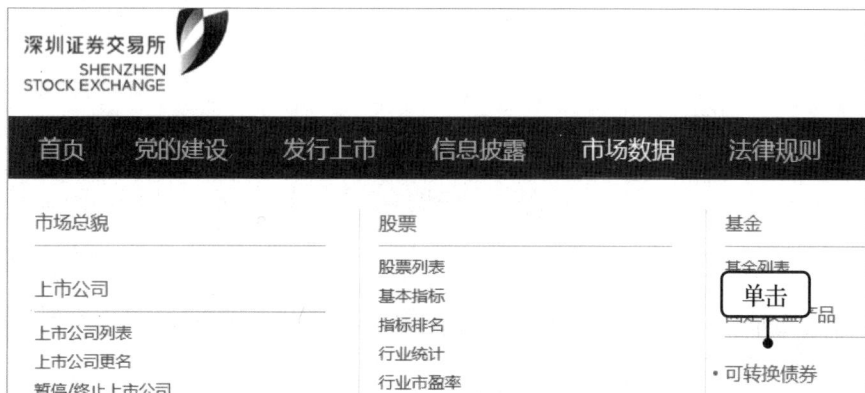

图 3-11 可转换债券

### 2. 了解产品种类

在紧接着的页面，我们可以看到相应的查询结果，包括各种类的产品代码、产品名称、上市日期、发行量、换股价格等信息，同样在该页面，如果已经有中意的可转债，那么可以输入代码或者简称进行查询，选择相应的日期，然后单击"查询"按钮即可，操作简单，这里我们不做详情描述。这里直接单击查询结果列表中的"123002"代码超链接，如图 3-12 所示。

图 3-12　可转换债券产品栏目

　　在打开的图 3-13 的页面，我们可以看到该债券在某一日不同时间段的不同表现，同时在该页面我们还可以看到开盘价、最新价、涨跌幅、成交量以及成交额等信息。

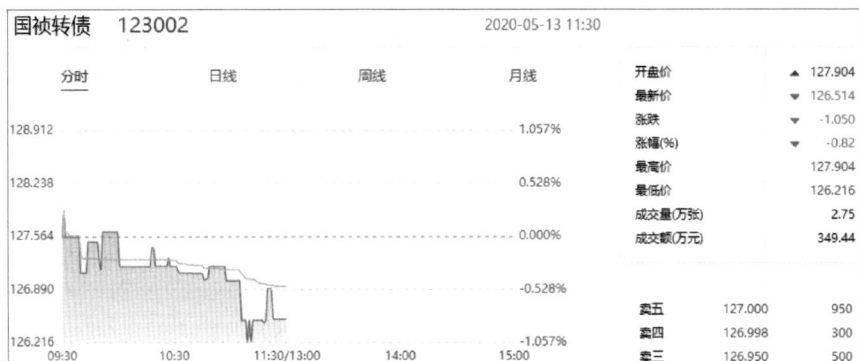

图 3-13　产品详情分析

### 3. 找到可转债对应的正股

　　因为可转债的价格受到相应的正股的影响，在关注债券行情的同时，还应该关注正股的行情，如上述债券，在图 3-12 的债券产品列表页面单击"国祯转债"证券简称右侧的箭头按钮打开如图 3-14 所示的页面，在其中我们可了解到相应的正股详情，如股票代码和转股价格，如图 3-14 所示。

| 国祯转债 | | | |
|---|---|---|---|
| 可转债代码 | 123002 | 可转债简称 | 国祯转债 |
| 上市日期 | 2017-12-25 | 发行规模(张) | 5,970,000 |
| 未转股数量(张) | 4,171,267 | 未转股比例 | 69.87 |
| 转股开始日期 | 2018-05-30 | 转股截止日期 | 2023-11-24 |
| 转股证券代码 | 300388 | 转股价格 | 8.6 |
| 价格生效日期 | 2020-05-12 | | |

**图 3-14　正股详情**

而根据上述的相关信息，我们可以在一些股票交易软件查看相应的股票信息或行情，如图 3-15 所示。

**图 3-15　查看股市行情**

可转债的购买和股票一样，在证券账户中输入代码进行下单即可，在这里我们不做详细说明。但需要注意的是，当天买入的可转债当天就可以卖出。

### 4. 查看是否中签

一般我们在申购的第 3 天就可以看到是否中签，同时一般还会有短信提醒，当然我们也可以在网上进行查询，看是否中签。

进入同花顺官网（http://www.10jqka.com.cn），在首页单击"数据中心"超链接，在打开的页面单击"可转债"导航按钮，在中签号下单击"查看"

超链接，查看相应的中签结果，我们可以看到在弹出的窗口中将显示所有的中签号码，如图 3-16 所示。

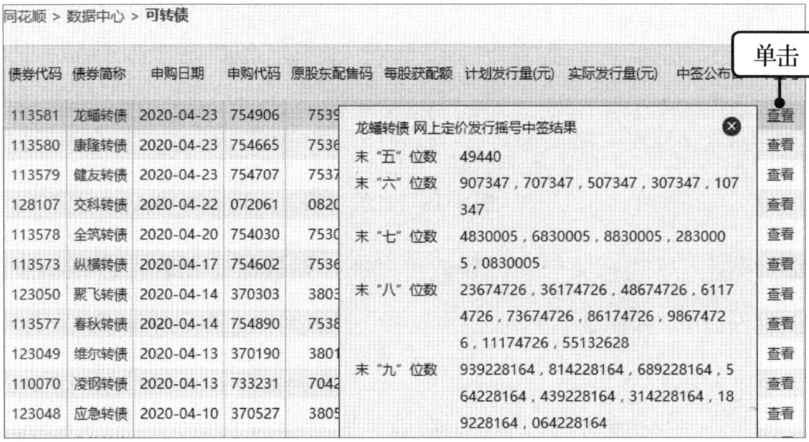

图 3-16　查看是否中签

### 5.卖出时机

申购成功，什么时候卖出才好呢？一般需要具体问题具体分析，有的可以在上市首日后卖出，如果价格未达到自己的预期价格，也可以持有到行情较好时卖出，具体还是要参考正股行情，特别是股市大盘行情。

## 3.2.5　票据产品小常识

当银行将客户购买理财产品的本金用于一些票据投资时，这类理财产品也可以称之为人民币票据型理财产品，与其他理财产品相比，投资票据理财产品风险较小，收益较高。

票据型理财产品一般可以分为投资商业汇票的票据型理财产品和投资货币市场上的各类票据的票据型理财产品，如短期国债和央行票据。其中，商业汇票投资是商业银行将已经贴现的各种票据，通过一定的利率转让给了信托公司，而信托公司经过一定的包装以后，再出售给投资者，银行再将购买理财产品的资金投资于各类产品。

票据型理财产品同样具有一定的风险，主要表现如下：

**不予付款**。一般承兑的银行认为该票据存在一定的瑕疵，如存在印章模糊、背书不连贯、票据变造或者伪造等情形，银行会拒绝付款。

**无力付款**。由于承兑银行已经破产，失去了支付能力。

对于如上两种风险，发生的概率是极低的，银行破产的概率很低，而且银行在贴现时会经过验票，在一定程度上也减少了不予付款的风险。商业汇票的期限一般在 6 个月内，承兑时间相对较短，虽然该产品属于非保本浮动收益类，但是违约风险还是较低的。

人民币票据型理财产品的发行规模受到商业汇票的票源限制，每期发行的规模较小，且一般发售都会在较短时间内售完，而且银行会优先考虑售给 VIP 客户。

在选择票据型理财产品时，一般要考虑产品的收益率、期限长短及票据种类等因素。一般产品的收益率要高于当期的定期存款利率，并且当利率下降时，可考虑选择期限相对较长的产品，看其反弹的概率。而对票据种类的选择，一般以银行承兑汇票作为标的资产的种类较好。（一般承兑汇票分为银行承兑汇票和商业承兑汇票，都作为结算方式的一种）。

如果企业将持有的票据质押到某平台，平台经过设计后发布了相应的理财产品，投资者进行购买，也属于票据理财。这种企业的票据理财本质是一种融资模式，产品风险大部分和银行票据型理财产品一样，但是存在银行内部人员违规操作所带来的道德风险，或第三方承担违约风险。

不管是选择银行的票据型理财产品还是平台类的票据产品，一般建议选择五大行、信用较高的一些互联网平台或者一些专业的票据平台。在选择投资之前，要对产品及互联网平台或者银行有一个全面的了解，对于一些收益过高或者信息披露不完全，以及可能存在违规的平台或者银行，要谨慎对待，不能盲目跟风购买与之相关的产品。

### 3.2.6 基金收益怎么算

有人说，我在银行客户经理的推荐下购买了一款基金型理财产品，但是为什么总是亏本呢？

首先，我们得明白基金是怎么一回事。基金从广义上来定义，是为了某种目的而设立的一定数量的资金，包括常见的公积金、保险基金及投资基金等。而从狭义上来理解，主要指证券投资基金。

根据不同的划分标准，基金也可划分为不同的种类，简单说明如下：

**按基金单位是否可增加或赎回划分**。根据基金单位是否可增加或赎回可将基金分为开放式基金和封闭式基金。一般开放式基金是通过银行、券商及基金公司等进行申购和赎回，而封闭式基金一般在证券交易所进行交易，投资者可在二级市场买卖。

**按组织形态划分**。根据基金的组织形态可将其分为公司型基金和契约型基金，一般由基金公司设立的就是公司型基金，而如果由基金管理人、基金托管人及基金投资人三方契约设立，就是契约型基金。我国基金均为契约型基金。

**按投资风险及收益划分**。一般可分为成长型基金、收入型基金和平衡型基金。

**按投资对象划分**。一般可分为股票基金、债券基金和货币基金等。

当对基金种类有大致了解以后，接下来我们需要对基金的收益进行简单计算。基金收益简单来说就是基金公司通过对基金进行运作，从而获得的相应的收益，一般包括利息收入、股利收入、资本利得和资本增值等。当然，在基金的运作过程中是需要相关费用的，如经理人费用和管理费，而对于投资人来说，收益主要包括买卖的差价和基金收益的分配。

对于基金收益的计算，在不考虑其他因素的条件下，一般我们可以通过公式计算：基金赎回金额 = 基金份额 × 基金单位净值 − 赎回手续费。其中，基金份额 =（投资本金 − 申购费）÷ 基金单位净值，赎回手续费 =（基金份额 × 基金单位净值）× 赎回费率。基金预期收益 = 基金赎回额 − 投资本金。

如李先生在一年前购买了 2 万元的基金产品，买入时，基金的单位净值为 1 元，申购费费率为 0，1 年后到期赎回，赎回时，基金净值为 1.2 元，赎回费率同样为 0，那么根据相应的公式，基金份额 =（投资本金 − 申购费）÷ 基金单位净值 =（20 000−0）÷1=20 000 份；基金赎回金额 = 基金份额 × 基金单位净值 − 赎回手续费 =20 000×1.2−0=24 000（元），即投资一年的预期收益为 4 000 元。

以上只是为了简单计算基金的预期收益而举的示例。一般在实际中，每个基金产品的申赎费率以及单位净值增长都是不同的。而每一只基金一般都会有一个预期年化收益率，如基金公司推出的"每万份收益"或"七日年化收益率"。

基金每日收益的计算公式为：当日收益 = 基金份额 × 基金当日万份收益 ÷ 10 000。如刘先生购买的某只基金，今日的每万份收益为 1.569 2 元，七日年化收益率是 4.976 0%，如果刘先生购买了 20 000 份，那么当日就可以获得 3.138 4 元的收益。

当然除了持有收益，一般在符合有关基金分红条件的前提下，基金每年是要进行一定的收益分红的。不同的基金公司对于分红的次数会有所限制，一般包括现金分红和红利再投资。如果没有特别选择，都默认为现金分红。但一般基金收益分配后，基金份额的净值不会低于面值。

任何的投资都是具有一定的风险的，基金也不例外，购买基金的风险一般有申购及赎回风险、投资风险、市场风险、政策风险、利率风险、经济周期风险、经营风险、购买力风险及不可抗力风险等，简单介绍如下：

**申购及赎回风险**。一般投资者在申购或者赎回时，是以历史数据为参考，所以对于未知的价格可能存在预估错误的风险。

**投资风险**。一般指由于投资的对象不同而导致的一些投资风险，如投资股票或者信托基金的风险相对高。投资种类不同，风险不同。

**市场风险**。一般指因外在因素，如政治、经济、政策或法令的变更，导致市场行情波动所产生的投资风险。

**政策风险**。一般指因国家宏观政策发生变化，导致基金的市场价格波动而产生的投资风险。

**利率风险**。一般指因市场利率的波动而对证券市场带来的一系列影响，包括价格和收益。

**经济周期风险**。一般指经济运行的周期变化给证券市场带来的波动，包括价格和盈利的波动。

**经营风险**。一般指基金公司因自身的经营管理给基金收益带来的影响，包括公司的管理能力、财务运营及行业竞争等。

**购买力风险**。一般是从收益上来看，特别是基金公司的分红，基金公司分红会采取现金分红的模式，而现金分红因通货膨胀的影响，在某种程度上会面临购买力下降等风险。

**不可抗力风险**。一般主要指战争或者自然灾害等不可抗力因素给投资者带来的风险。

在对基金种类、收益、风险等有一定了解的基础上，接下来我们可以对具体的产品进行挑选。

## 3.2.7　开放式资产组合理财产品购买实战

无论是债券型理财产品还是基金类理财产品，它都是一种理财资产，我们知道银行会将客户购买理财产品的本金用于各种资产投资，同时将获得的投资收益分配给客户，这些理财产品，大多来说是保本的，只是在收益上会存在浮动。

**案例实操**

**在建设银行官网中查看 ZHQYBB20160600001 产品并进行购买**

首先进入建设银行的官网首页（http://www.ccb.com），在"投资理财"栏目下单击"理财产品"超链接，如图 3-17 所示。

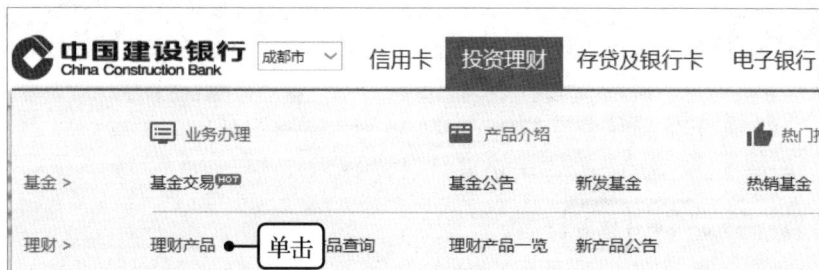

图 3-17　官网首页

在紧接着的页面，我们可以直接输入产品名称或者代码，或者根据产品销售状态、产品模式、投资期限、起购金额、保本与否及风险等级等信息来搜寻相关产品。在这里我们直接输入产品编号 ZHQYBB20160600001，然后查询相关产品，在该页面的下方即可看到查询产品的一个基本信息，如名称、起购金额、投资期限、发行日期和业绩基准等，在基本信息列单击名称，如图 3-18 所示。

图 3-18　搜索产品

在紧接着出现的页面，我们将看到关于产品的详情、说明书及产品公告等信息，我们可以选择感兴趣的进行了解，如单击"产品说明书"超链接，查看产品的说明书，如图 3-19 所示。

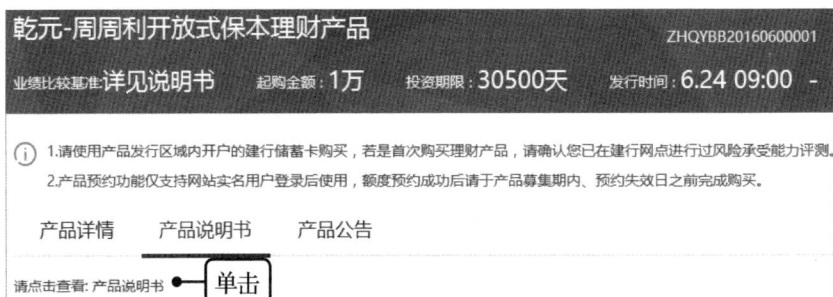

图 3-19　产品详情页面

紧接着将出现产品的说明书页面，如图 3-20 所示，首先是银行及产品名称的说明书字样，紧接着是对于产品本质、投资风险和本金等的补充说明。投资者应逐条阅读相关说明，对于不懂的要向银行客户经理咨询清楚，如果在网络购买，可以咨询在线客服，或者致电银行客户服务经理。

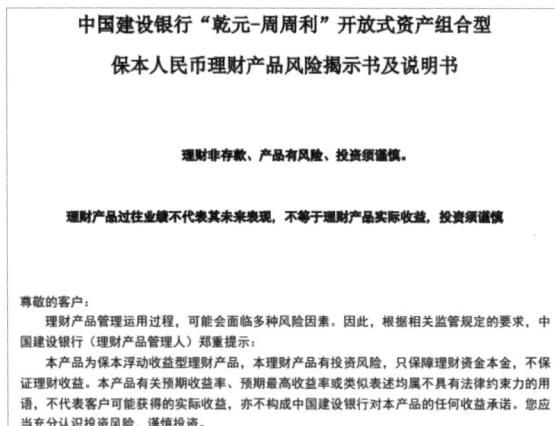

图 3-20　阅读产品说明书

在产品说明书中，一般需要客户抄写相关的句子及签名，一定要真实填写，具体如图 3-21 所示，注意不要由银行人员代抄，这是和自身利益相关的事，同时也是承担相应的法律责任。

图 3-21　抄写风险提示

在详细阅读产品说明书，并且没有任何异议后，接下来就可以购买相应的产品了，回到产品搜索页面或产品详情页面，单击"购买"按钮进行购买。在紧接着的页面，我们将看到购买分为 3 步：填写购买信息→确认购买信息→购买成功，如图 3-22 所示，跟着提示操作相对简单，这里不做详解。

图 3-22　购买操作

在购买时要注意，如果个人是首次购买，一般需要到相关营业网点做风险测试，而不能直接在线购买，在购买之前，个人风险测试是必须的。

# 3.3
# 风险爱好者

个人对于风险的承受能力不同，而产品风险也分为不同等级，在所有的银行理财产品中，除了一些保本固定收益产品和保本浮动收益产品外，还存在一些非保本浮动收益的产品，而这些产品一般都适合风险承受能力较高的投资者，这类产品资金的投资去向一般是股票、期货期权、同业存款等。

## 3.3.1 股票投资看一看

股票型的理财产品是将固定收益证券和衍生产品结合在一起，是资产的组合投资，包括股票、债券和期权，它的风险较单独的股票、期权更低，但比一般的债券风险要高一点。股票型理财产品收益高于债券，但是低于股票或者期权。和其他产品一样，股票型理财产品一般不可以提前赎回，流动性较低。

在前面我们已经对债券有过详细的说明，这里我们主要讲解股票的一些基本常识，一般我们可以从如下几方面去了解：

◆　股票定义

股票简单理解是上市公司发行给股东在持有期间获得股息和红利的一种证券。股票一般没有固定的持有期限，购买后不能退股，但是可以通过股市交易，卖出相应的股票。

一只股票上市以后，投资者是千千万万、大大小小的客户，股权实现了分散化，即我们常听到的散户投资。一般每家上市公司都会发行股票。在我国上海证券交易所和深圳证券交易所流通的股票的面值均为 1 元，即每股 1 元。

◆　股市分类

一般根据不同的划分标准，可以将股票分为如下几种：

**按投资主体划分**。可分为国家股、法人股和个人股。

**按股东权利划分**。可分为普通股和优先股。区别主要在利润分红及剩余财产分配的权利方面。

**按上市地点和所面对的投资者划分**。可分为 A 股、B 股、N 股、S 股和 L 股等。其中，A 股属于人民币普通股票，在我国境内发行、认购和交易。B 股是人民币特种股票，以人民币标明面值，以外币认购和买卖，在境内上市交易的股票。N 股一般指在境内注册，在纽约发行并在纽约证券交易所上市交易的股票。S 股是在境内注册，在新加坡发行并在新加坡证券交易所上市交易的股票。L 股是在境内注册，在伦敦发行并在伦敦证券交易所上市交易的股票。

**按股票标识划分**。可分为分为 ST 股、S 股、N 股、XR 股、XD 股和 DR 股，其中，ST 股可以简单理解为该股票具有终止风险；S 股表明该股份公司还未进行股改或已经进入股改程序但现在还未实施；N 股一般认为是当日新上市的股票；XR 股、XD 股和 DR 股分别表示该股票当日除权、该股票当日除息和该股票当日除权除息。

**按股票盈利划分**。可分为蓝筹股、红筹股、白马股、黑马股和龙头股等。

◆ 股市收益

对于股市收益一般通过"股票预期收益 = 股票售价 + 持有期间获得现金股利 −（股票买入价格 + 买卖双向佣金 + 持有期间获得股票股利买价）"这个公式来计算。

假如我们购买了一手（1 手 =100 股）10 元的股票，在股票涨到 10.5 元时卖出，根据约定支付佣金为 0.2%，在这里忽略持有期间的现金分红，股票售价为 10.5 元，股票买入价格为 10 元，买卖双向佣金可分为买入佣金和卖出佣金，买入佣金为 10×100×0.2%=2（元），低于 5 元，一般佣金不足 5 元，按照 5 元收取，因此佣金为 5 元，此时不用缴纳印花税，卖出时佣金为 10.5×100×0.2%=2.1（元），同样不足 5 元，按照 5 元收取，缴纳印花税为 10.5×100×0.1%=1.05（元）。

那么该只股票的预期收益 =（10.5−10）×100−5−5−1.05=38.95（元）。

◆ 股票交易费用

一般股票的交易费用常见如交易佣金、印花税和过户费，一般不能高于成交额的 3‰，最低收费 5 元，不同的券商收取的佣金比例存在一定的差别；印花税一般是按照成交额的 1‰收取；如果在沪市交易，过户费一般按照成交股数的 0.6‰收取，而在深市则无。

◆ 股票交易流程

股票交易流程一般包括股票账户开户、资金转账、买卖股票、股票清算和交割等步骤。其中，开户一般可选择证券公司网点或者网上开户；资金转账就是将一定的资金转入或者转出股票账户；买卖股票简单来说就是将自己看中的股票买入，或者持有的股票卖出；股票清算和交割主要指股票交易完成后，资金清算后转出或回到股票账户。

◆ 股票术语

股票术语是相对于其他理财产品而言的，它种类繁多而复杂，如我们常见的大盘、小盘、垃圾股、黑马股、大户、庄家、主力、牛市、熊市、基本面、技术面、二级市场、多头市场、空头市场、涨停及跌停等，如果对于股市感兴趣，可以全面了解，在这里我们不做详细介绍。

◆ 股票风险

股市风险我们可以简单理解为购进股票后遭遇跌价的风险，一般收益与风险成正比，股市就是高收益高风险的投资市场。

## 3.3.2　期货和期权有何区别

期货和期权都属于场内衍生品，投资于期货和期权可以在一定程度上缓解投资风险，获得一定的收益。虽然两者只有一字之差，但是在实际操作中却有一定的区别，两者的投资收益也是不同的。

对于两者的差别一般可以从如下几方面去理解，如表 3-2 所示。

表 3-2　期货和期权的区别

| 区 别 项 | 期　　货 | 期　　权 |
| --- | --- | --- |
| 标的物 | 一般期货交易的标的物是商品或期货合约 | 期权的标的物一般是商品或者期货合约的选择权 |
| 权利与义务 | 一般期货合约是双向合约，交易双方都要承担期货合约到期交割的义务 | 期权是一种单项合约，买卖双方的权利义务不对等。一旦买方提出行权，卖方必须以履约的方式了结该期权合约 |

| 区 别 项 | 期　货 | 期　权 |
|---|---|---|
| 履约保证金 | 一般期货的买卖双方都需要缴纳一定的履约保证金，由于实行当日无负债结算制度，买卖双方每日的持仓保证金也会随着标的资产价格的变化而变化 | 在期权交易中，一般买方不需缴纳履约保证金，只要求卖方缴纳履约保证金，表明他将履行相应期权合约 |
| 交易费用 | 期货交易中，买卖双方都需要缴纳期货合约面值的 5% ~ 10% 的初始保证金，而根据价格的变动还需要追加保证金 | 期权交易中，一般买方向卖方支付一定的费用，一般为合约价格的 5% ~ 10%，而费用一般根据市场价格变动 |
| 盈亏表现 | 一般期货的交易双方都面临着盈利和亏损的情况，而且还是无限额的 | 期权买方收益随着市场变动而变动，亏损也只限于一定的费用，而卖方收益在于出售的保险费，亏损不固定 |
| 套期保值 | 一般利用期货进行套期保值，投资者可以在持有现货多头的同时卖出期货合约，或在持有现货空头的时候买入期货合约 | 利用期权进行套期保值，投资者可以在持有现货多头的同时买入认沽期权，或在持有现货空头的同时买入认购期权 |

除了以上的区别外，一般期货合约数量是固定且有限的，而期权的合约数量相对较多。无论是期权还是期货，相对都是高风险的投资，在投资之前，一定要谨慎，而购买该类型的理财产品也要谨慎。

### 3.3.3　高风险银行理财产品看一看

在银行的理财产品中，大多是保本，收益稳定的，但是也存在一些针对特殊人群（如 VIP 客户或大客户）设计的产品，此类产品一般收益较高，但是同样风险较高。下面以建设银行理财产品为例进行介绍：

**案例实操**

**在建设银行官网中查看 GD07QYSX202000077 产品详情**

进入建设银行的官网，进入"投资理财"栏下的"理财产品"页面，如图 3-23 所示，然后在页面选择"非净值型"选项并且在搜索栏内直接输入产品代码 GD07QYSX202000077 进行查找。我们将看到搜索结果。单击"详情"按钮，查看产品详情。

**图 3-23　选择产品**

在紧接着出现的页面中我们将看到关于产品的详情，包括业绩基准、投资期限、起购金额、发行时间和是否保本等，如图 3-24 所示。具体的详情，我们还可以在产品说明书中进行了解，单击"产品说明书"选项卡。

**图 3-24　产品详情页面**

紧接着将出现产品的说明书页面，如图 3-25 所示，在阅读产品说明书时，首先要了解产品的基本要素，如预期年化收益率、认购期、产品成立日、产品期限及产品到期日等重要信息。

| 客户预期年化收益率 | 3.50% |
| --- | --- |
| | 中国建设银行可根据市场情况等调整预期年化收益率，并至少于新的预期年化收益率启用之日前 2 个产品工作日进行公告。 |
| 产品认购期 | 2020 年 05 月 14 日 9:00 至 2020 年 05 月 18 日 17:30 |
| | 在上述认购时段内，客户可通过手机银行购买本产品；<br>产品认购期内，客户将认购投资本金存入客户签约账户之日起至本产品成立日（不含）期间，客户可获得认购投资本金的活期存款利息，认购期内的活期存款利息不计入投资本金。 |
| 产品成立日 | 2020 年 05 月 19 日 |
| | 1.中国建设银行有权结束募集并提前成立产品，并至少于提前成立日进行公告，产品成立日以公告为准。<br>2.若产品认购份额未达到产品规模下限，或出现新的法律、法规导致本产品无法合法合规运行，或出现其他导致影响产品成立不可抗力因素，中国建设银行有权利但无义务宣布产品不成立，并于产品认购期结束后 5 个工作日内将客户认购资金退还至客户指定账户，在途期间客户投资本金不计息。 |
| 产品期限 | 108 天（不含产品到期日） |
| | 中国建设银行有权提前终止和展期产品。中国建设银行提前终止产品时，将至少于提前终止日前 2 个产品工作日进行公告。中国建设银行展期产品时，将至少于产品到期日之前 1 个产品工作日进行公告。 |
| 产品到期日 | 2020 年 09 月 04 日 |
| | 产品到期日至产品兑付之间不计算投资收益或存款利息。 |

**图 3-25　产品要素**

在阅读产品说明书时，了解产品的投资去向和资金运作是必不可少的。如图 3-26 所示，我们可以看出该产品募集的资金的主要去向为存款类资产、货币市场工具 / 基金、非标准化债权类资产、股权类资产及其他符合监管要求的资产等。各类投资的比例为：活期存款（0 ～ 90%）、质押式回购（0 ～ 80%）、其余标准化固定收益类资产（0 ～ 80%）、非标准化债权类资产（0 ～ 80%）、股权类资产（0 ～ 80%）、其他符合监管要求的资产组合（0 ～ 80%）等。

**二、投资管理**
**（一）投资范围**
中国建设银行将本期产品募集资金投资于存款类资产、货币市场工具、货币市场基金、标准化固定收益类资产、非标准化债权类资产、股权类资产以及其他符合监管要求的资产组合。
1. 存款类资产：包括但不限于活期存款、定期存款、存放同业等。
2. 货币市场工具：包括但不限于质押式回购、买断式回购、交易所协议式回购等。
3. 货币市场基金。
4. 标准化固定收益类资产：包括但不限于国债、中央银行债、政策性银行债、短期融资券、中期票据、企业债、公司债、商业银行金融债、可转换债券、可交换债券、中小企业私募债、资产支持证券（ABS）、资产支持票据（ABN）、非公开定向债务融资工具（PPN）、同业存单等。
5. 非标准化债权类资产。
6. 股权类资产。
7. 其他符合监管要求的资产。
各类资产的投资比例为：存款类资产 0-80%，货币市场工具 0-80%，货币市场基金 0-30%，标准化固定收益类资产 0-80%，非标准化债权类资产 0-80%，股权类资产 0-80%，其他符合监管要求的资产组合 0-80%。
具体各类型资产比例为：活期存款 0-90%，定期存款 0-50%，质押式回购 0-80%，买断式回购 0-50%，交易所协议式回购 30%，货币市场基金 0-30%，国债 0-50%，可转换债券、可交换债券 0-30%，其余标准化固定收益类资产 80%，非标准化债权类资产 0-80%，股权类资产 0-80%，其他符合监管要求的资产组合 0～80%。

**图 3-26　投资去向**

在产品说明书中，除了投资去向，对于产品的运作，我们也要有基本的了解，如产品规模的上限和下限，重点是产品的认购、申购、追加投资和赎回等，如图 3-27 所示。说明书上表明该类产品一般在运行期间不能进行申购、追加投资和赎回。

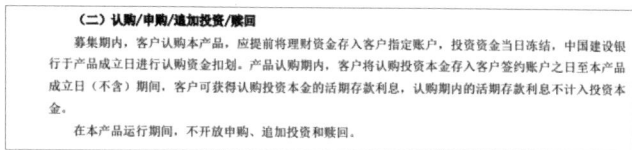

**（二）认购/申购/追加投资/赎回**

募集期内，客户认购本产品，应提前将理财资金存入客户指定账户，投资资金当日冻结。中国建设银行于产品成立日进行认购资金扣划。产品认购期内，客户将认购本金存入客户签约账户之日至本产品成立日（不含）期间，客户可获得认购投资本金的活期存款利息，认购期内的活期存款利息不计入投资本金。

在本产品运行期间，不开放申购、追加投资和赎回。

图 3-27　产品运作

对于该类产品的收益和费用，我们也应重点查看，特别是预期收益计算，预期收益一般又可以分为持有到期收益和提前终止收益。一般采用公式计算，客户收益 = 投资本金 × 年化收益率 × 产品期限（天数）÷365。

假如李先生购买了 50 万元的该产品，且持有到期，并且在持有期间，预期的年化收益率未调整，还是 3.50%，那么客户收益 = 500 000 × 3.50% × 108 ÷ 365 ≈ 5 178.08（元）。该收益为预期收益，具体应以实际公布的年化收益率为准，如预期年化收益率等于实际年化收益率。

假如张先生购买本产品 50 万元，实际持有本产品 30 天，中国建设银行公布的客户预期年化收益率为 3.50%，投资期间预期年化收益率不变，且实际年化收益率等于预期年化收益率 3.50%。则在提前终止日，应兑付给他的投资收益 = 500 000 × 3.50% × 30 ÷ 365 ≈ 1 438.36（元）。

产品的收益一般会在产品说明书中进行详细说明，应仔细阅读相关条款。对于收益，我们还需要关注兑付是否按期兑付，如果不能按期兑付要怎么处理。如图 3-28 所示，本金和收益兑付一般可以分为正常兑付、非正常兑付和展期兑付几种情形，而每一种方式，银行的处理都是不一样的，因为这是与我们自身利益相关的，投资者要仔细阅读理解。例如，当发生异常情况，无法正常兑付时，建设银行可以根据实际情况选择向客户提前兑付、延迟兑付或者分次兑付并公告。又如，产品延期时建设银行将至少于产品到期日之前 1 个产品工作日公告。

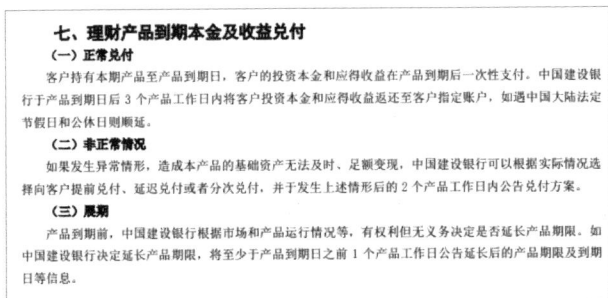

**七、理财产品到期本金及收益兑付**

**（一）正常兑付**

客户持有本产品至产品到期日，客户的投资本金和应得收益在产品到期后一次性支付。中国建设银行于产品到期日后 3 个产品工作日内将客户投资本金和应得收益返还至客户指定账户，如遇中国大陆法定节假日和公休日则顺延。

**（二）非正常情况**

如果发生异常情形，造成本产品的基础资产无法及时、足额变现，中国建设银行可以根据实际情况选择向客户提前兑付、延迟兑付或者分次兑付，并于发生上述情形后的 2 个产品工作日内公告兑付方案。

**（三）展期**

产品到期前，中国建设银行根据市场和产品运行情况等，有权利但无义务决定是否延长产品期限。如中国建设银行决定延长产品期限，将至少于产品到期日之前 1 个产品工作日公告延长后的产品期限及到期日等信息。

图 3-28　本金及收益兑付

根据如上的信息，我们知道，该产品的起购金额为 50 万元，风险为中等风险，期限为中长期，募集期 5 天，在认购期，产品可以通过手机银行购买，而产品的预期年化收益率为 3.5%，高于同期大额存单 80 万元起购的 2 年期存款利率 3.15%，在产品持有期间不可赎回。

我们要注意，在该产品认购期内，客户将认购投资本金存入客户签约账户之日起至产品成立日，客户可获得认购投资本金的活期存款利息，认购期内的活期存款利息是不计入投资本金的。

总的来说，该产品适合稳健型、进取型和积极进取型财富管理级及以上客户。

**理财贴士** *怎么理解货币市场*

货币市场可以简单理解为交易期限在一年以内的一种金融资产交易市场，在该市场中的资金的流动性较强，投资者持有的金融资产可以快速地转换为货币，可以帮助家庭或者个人将手中的闲置资金用于投资，获得一定的投资收益，又能为有短期资金需求的个人或者机构提供资金。

一般由同行业拆借市场、票据市场、大额可转让定期存单市场、国库券市场、消费信贷市场和回购协议市场 6 个子市场构成。

# 银行理财

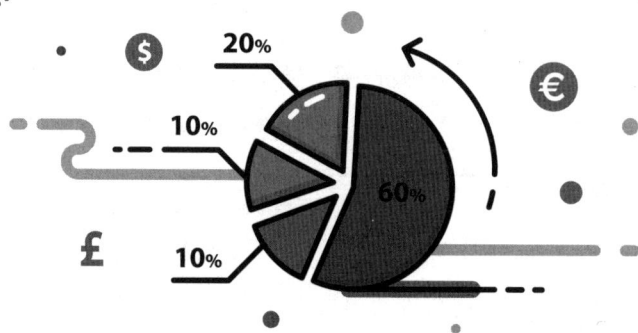

# 第 **4** 章

## 产品风险早知道

　　一般在产品说明书的开篇，我们就可以看到银行对于投资者的风险提醒，包括风险等级及风险种类。那么这些风险将给理财产品及投资者带来什么样的影响呢？风险测试真的能让投资安全吗？风险评估问卷是怎么做的？能测出哪几种风险等级？

# 产品的购买风险与陷阱要了解

银行理财产品相较于其他理财产品，更安全、稳定，但是这并不意味着购买就没有风险。银行理财产品和其他理财产品一样具有一定的购买风险及购买陷阱，在购买之前，我们应清楚明白。

## 4.1.1 五大风险了解一下

银行理财产品的五大风险分别是利率风险、流动风险、市场风险、信用风险和提前终止风险，具体介绍如下：

**利率风险**。我们知道理财产品资金的投资去向，主要为一些保本固定收益类及货币市场类投资，而这些投资与利率是息息相关的，如遇国家多次降息，理财产品的预期收益是会受到一定影响的。

**流动风险**。一般理财产品购买后，投资者都是不能提前赎回的，但会有个别的产品允许提前赎回，具体应以产品说明书为准。如果产品不能提前赎回，那么投资者就只能持有到期。在产品持有期间，投资者的资金是被占用的，不能用于满足家庭或者个人的流动性资金需求。

**市场风险**。无论投资哪一类理财产品，都是要参与到市场中的，而影响市场的因素千变万化。市场价格也会随着各种因素的影响发生一定的变化，最终影响银行理财产品到期的实际年化收益。

**亏本风险**。银行理财产品一般分为保本产品和不保本产品。不保本产品就存在本金亏损的风险，投资者在享受高收益的同时也得承担本金亏损的风险；而保本产品，一般银行都承诺到期赎回，保证本金的安全，但有的产品，如果提前赎回，因市场、政策和运作等多种因素的影响，可能出现本金的亏损风险，一般会在产品说明书中有说明，投资者要注意这一条。

**提前终止风险**。一般银行理财产品是不允许投资者进行提前赎回的，但是银行因为各种因素的影响，是可以提前终止产品的，那么此时，投资者将面临无法根据相关约定，根据产品的投资期限取得相应收益的风险。

当然除了如上的五大风险外，还有其他风险的存在，后面章节我们将结合产品说明书进行详细说明，这里就不再过多讲解。

## 4.1.2　五大投资陷阱了解一下

虽然都说银行理财产品投资稳定、安全且有保障，但银行理财产品的一些投资小陷阱，我们还是有必要知道一下。

**预期收益率＝实际收益率**。一般会存在如银行工作人员口头保证预期收益，强调发行的同类理财产品均达到或者已经超过预期收益，从而给客户一个过高的心理预期的情况。而实际上是，有的理财产品到期并不能达到预期收益，甚至会亏损本金。还有的产品说明书上的是预期年化收益率，如果投资者提前赎回，实际收益是需要根据持有天数进行计算的，这就意味着实际收益在其他因素不变的情况下，与预期收益相比，是需要打折的。

**银行代销产品＝银行自营产品**。在网上购买银行理财产品时，我们可以看到银行将理财产品分为代销和自营，而如果在网点购买，银行工作人员一般不会告诉你哪些产品是银行代销产品，如私募基金、企业债券及分红型保险等，这类产品可能收益较高，但是不保本，期限长短不同，风险高低不等，不一定适合所有的投资者，所以一定要问清楚。一般银行自主发行的理财产品，均具有唯一的产品编码，消费者可通过该编码查询到产品信息。

**延长募集期**。在产品成立之前，一般都会有一个募集期，而募集期根据产品特性，时间长短不定。一般在募集期购买，产品的收益是按照活期计算的。在不考虑其他因素的前提下，一般产品的募集期越长，实际收益越低，如同是收益率为 3.5% 的理财产品，投资期限都为 45 天，其中 A 的产品募集期为 7 天，B 的募集期为 3 天，那么 A 实际收益率为：3.5%×45÷（45+7）=3.03%，而 B 实际收益率为：3.5%×45÷（45+3）=3.28%。所以，如果产品的募集期过长，产品的实际收益是被摊薄了。

**超额收益霸王**。一般我们会在一些产品说明书中看到，对于一些浮动收益的产品，在费用的计算上，产品说明书中会有"超过预期年化收益率的最高部分，将作为银行投资管理费用"，如果产品到期的预期收益为 6%，产品说明书上规定的预期收益为 3.5%，那么剩余的 2.5% 就将作为银行的投资管理费用。一般该类产品大多都是不保本的，一旦发生亏本，投资者自身承担亏本风险，但是产生的超额收益却归银行，投资者在购买时需注意。

**信息披露不完整**。一般银行工作人员在推荐某款理财产品时，可能会强调收益，而淡化产品本身的风险，加上产品说明书中太多专业术语，一般客户不容易看懂或者容易忽略，而银行可能选择性地披露一些信息，如产品信息不完整，投资策略、资金去向、投资主体、收费项目和信息更新不及时等。有些商业银行在未获银保监会授权的情况下，会盲目地经营一些高风险的理财产品，投资者的利益不容易得到保障，所以在投资前务必要看清事实，保持理性，谨慎投资。

对于这些常见的陷阱，我们基本上都是可以避免的，如选择规范的机构，相对来说产品在设计上会更加规范，风险提示、运作情况及信息披露也更加健全。一般我们可以在银行的官网，通过网银或者手机银行购买，具有一定的安全保障。如果线下购买，一定要仔细阅读产品说明书，同时不要被银行理财经理所说的高收益忽悠，不顾风险而盲目购买，同时要弄清楚是银行自营还是代销。

除此之外，我们还可以根据产品的编号，到中国理财网查询该产品是否为银行发行的正规理财产品。一般所有银行发行的理财产品都必须在该网站登记备案。以查询"中国工商银行保本型个人 35 天稳利人民币理财产品"（产品登记编码为"C1010214007421"）为例进行简单说明。

**案例实操**

**在理财网中查询产品真伪**

进入中国理财网官网首页（http://www.chinawealth.com.cn），在"鉴别产品真伪"搜索框中输入产品的编码"C1010214007421"，然后单击"查询"按钮，如图 4-1 所示。

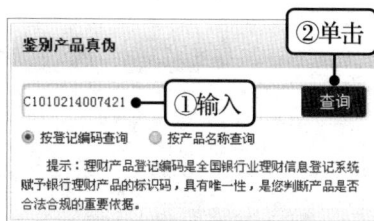

图 4-1　输入产品编码并查询

一般理财产品登记编码是全国银行业理财信息登记系统赋予银行理财产品的标识码，具有唯一性，是判断产品是否合法合规的重要依据。

紧接着我们将看到理财产品的筛选页面，在该页面我们可以从产品的状态、机构、募集方式、运作模式、投资性质、风险等级、期限类型、收益类型、产品类型、募集时间以及销售区域等去查询，选择完成以后，单击"查询"按钮，查看相应的结果，如图4-2所示。

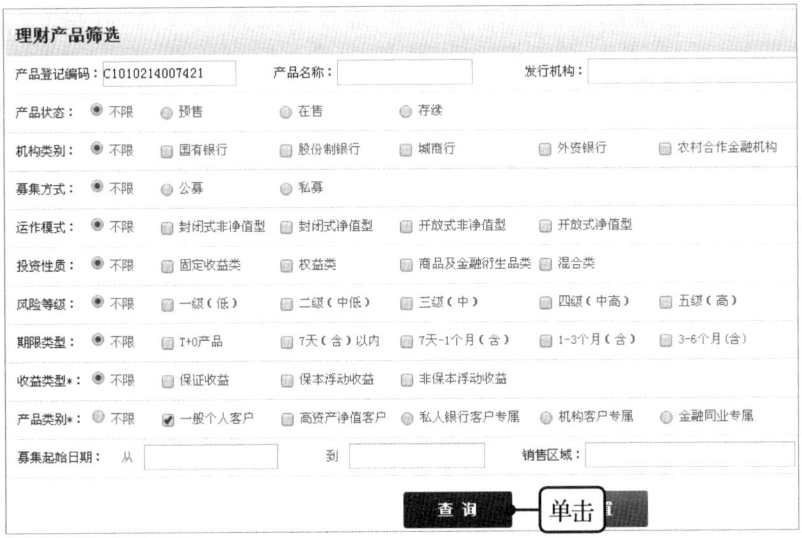

图4-2　理财产品筛选

在接下来的页面，我们将看到查询结果，如图4-3所示，我们可以单击"中国工商银行保本型个人35天稳利人民币理财产品-BBWL35"产品名称，然后进行产品详情查询，同时与产品说明书中的相关信息进行对照，确定真伪。

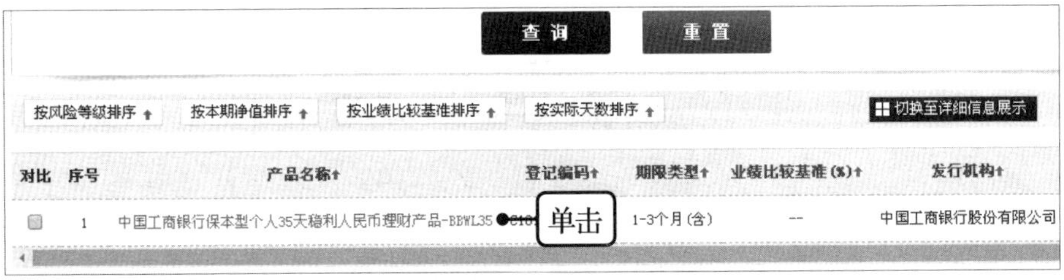

图4-3　单击产品名称

此时，我们就将进入产品的详情页面，如图4-4所示，我们将看到关于产品的登记编码、运作模式、发行机构、产品期限以及产品收益等。

中国工商银行保本型个人35天稳利人民币理财产品-BBWL35　存续

| | | | |
|---|---|---|---|
| 登记编码： | C1010214007421 | 发行机构： | 中国工商银行股份有限公司 |
| 运作模式： | 开放式非净值型 | 募集方式： | -- |
| 期限类型： | 1-3个月(含) | 募集币种： | 人民币(CNY) |
| 投资性质： | -- | 风险等级： | 一级(低) |
| 募集起始日期： | 2014/10/29 | 募集结束日期： | 2014/11/02 |
| 产品起始日期： | 2014/11/03 | 产品结束日期： | 9999/12/31 |
| 业务起始日： | 2020/05/14 | 业务结束日： | 2020/05/14 |
| 实际天数： | 2916519天 | 业绩比较基准： | -- |
| 初始净值： | -- | 产品净值： | -- |
| 累计净值： | -- | 最近一次兑付收益率： | 2.38% |
| 收益类型*： | 保本浮动收益 | 投资资产类型*： | 混合类 |
| 预期最低收益率*： | 2.40% | 预期最高收益率*： | 2.40% |
| 销售区域： | 天津市，安徽省，江西省，广西壮族自治区，重庆市，云南省，甘肃省，宁夏回族 | | |

图 4-4　产品信息

此时，我们还可以打开该产品的说明书，与上述查询到的信息进行对照，如图 4-5 所示，可以将产品说明书中的产品概述信息相对应，看两者之间是否存在不一致的地方。

一、产品概述

| | |
|---|---|
| 产品名称 | 中国工商银行保本型个人35天稳利人民币理财产品 |
| 产品代码 | BBWL35 |
| 理财信息登记系统登记编码 | C1010214007421 个人客户可依据本产品的登记编码在“中国理财网（www.chinawealth.com.cn）”查询产品信息；法人等其他类型客户可于本理财产品发行结束5个工作日后，向工商银行客户经理获取理财产品的登记编码，并依据该登记编码在“中国理财网（www.chinawealth.com.cn）”查询产品信息。 |
| 产品风险评级 | PR1（本产品的风险评级仅是工商银行内部测评结果，仅供客户参考） |
| 销售对象 | 个人普通客户 |
| 目标客户 | 经工商银行风险评估，评定为保守型、稳健型、平衡型、成长型、进取型的有投资经验和无投资经验的个人客户 |
| 期限 | 开放式无固定期限产品（35天投资周期） |
| 投资及收益币种 | 人民币 |
| 产品类型 | 保本浮动收益类 |

图 4-5　产品概述

## 4.2
# 风险等级怎么分

在银行理财产品中，我们看到产品风险有 PR1 这个说明，那么 PR1 是什么意思呢？除了 PR1，风险等级还有哪些呢？ PR1 是最低风险还是最高风险呢？

### 4.2.1 风险评估问卷有讲究

我们知道在购买银行理财产品之前，都需要做一个风险评估，并且如果是第一次购买银行理财产品，一般需要去银行营业网点做相应的风险评估，否则无法在网上购买。

而对于风险评估问卷，一般存在一定的模板，分别从财务状况、投资经验、投资风格、风险偏好和风险承受能力等方面进行测试和评估。

**案例实操**

**商业银行风险评估问卷基本模板**

在风险评估问卷中，首先是对客户信息的简单填写，如图 4-6 所示，填写客户姓名、联系方式、证件类别和证件号码。

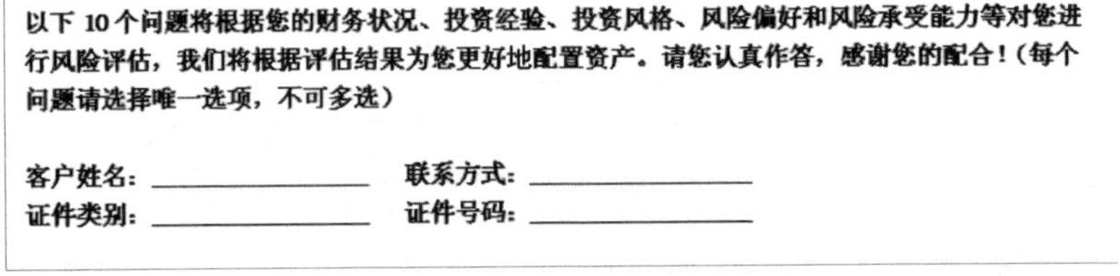

以下 10 个问题将根据您的财务状况、投资经验、投资风格、风险偏好和风险承受能力等对您进行风险评估，我们将根据评估结果为您更好地配置资产。请您认真作答，感谢您的配合！（每个问题请选择唯一选项，不可多选）

客户姓名：_____　　　联系方式：_____
证件类别：_____　　　证件号码：_____

图 4-6　填写客户基本信息

其次，是对于家庭财务状况的选择，我们要注意，对于家庭的收入评估不能过高或者过低，一般要根据自己的实际情况填写，如客户年龄、家庭年收入、投资资金，具体如图 4-7 所示。

**一、财务状况**

1.您的年龄是？

☐ A．18～30（-2）　☐ B．31～50（0）

☐ C.51～60（-4）　☐ D.高于 60 岁（-10）

2.您的家庭年收入为（折合人民币）？

☐ A.5 万元以下（0）　　☐ B.5 万～20 万元（2）

☐ C.20万～50 万元（6）　☐ D.50万～100 万元（8）

☐ E.100 万元以上（10）

3. 在您每年的家庭收入中，可用于金融投资（储蓄存款除外）的比例为？

☐ A.小于 10%（2）　　☐ B.10%～25%（4）

☐ C.25%～50%（8）　　☐ D.大于 50%（10）

图 4-7　财务状况

然后，我们需要对自身的投资经验进行测算，包括个人闲置资金大部分用于哪些产品的投资，以及产品投资经验。对于投资经验也一定要如实填写，没有从事过股票、基金及外汇等高风险产品的，一定不要虚填。对于投资经验也是，这些最终都将影响风险产品的匹配，如图 4-8 所示。

**二、投资经验（任一项选 A 客户均视为无投资经验客户）**

4.以下哪项最能说明您的投资经验？

☐ A.除存款、国债外，我几乎不投资其他金融产品（0）

☐ B.大部分投资于存款、国债等，较少投资于股票、基金等风险产品（2）

☐ C.资产均衡地分布于存款、国债、银行理财产品、信托产品、股票、基金等（6）

☐ D.大部分投资于股票、基金、外汇等高风险产品，较少投资于存款、国债（10）

5.您有多少年投资股票、基金、外汇、金融衍生产品等风险投资品的经验？

☐ A.没有经验（0）　　☐ B.少于 2 年（2）

☐ C.2～5 年（6）　　☐ D.5～8 年（8）

☐ E.8 年以上（10）

图 4-8　投资经验

再次，我们需要明确个人的投资风格，包括投资态度等，具体如图 4-9 所示。

---

三、投资风格

6. 以下哪项描述最符合您的投资态度？

☐ A.厌恶风险，不希望本金损失，希望获得稳定回报（0）

☐ B.保守投资，不希望本金损失，愿意承担一定幅度的收益波动（4）

☐ C.寻求资金的较高收益和成长性，愿意为此承担有限本金损失（8）

☐ D.希望赚取高回报，愿意为此承担较大本金损失（10）

7. 以下情况，您会选择哪一种？

☐ A.有100%的机会赢取1000元现金（0）

☐ B.有50%的机会赢取5万元现金（4）

☐ C.有25%的机会赢取50万元现金（6）

☐ D.有10%的机会赢取100万元现金（10）

图 4-9　投资风格

除了投资风格，投资目的也是很重要的，比如个人的计划投资期限，这可能影响产品期限的选择，还有投资目的是增值保值还是资产的快速增长。当然，风险承受能力的高低也是需要投资者选择的，比如当本金出现多大比例的亏损，个人能承受，这将决定投资者是选择保本还是不保本的产品，具体如图 4-10 所示。

四、投资目的

8. 您计划的投资期限是多久？

☐ A.1年以下（4）　　☐ B.1～3年（6）

☐ C.3～5年（8）　　☐ D.5年以上（10）

9、您的投资目的是 ？

☐ A.资产保值　　（2）　　☐ B.资产稳健增长（6）　　☐ C.资产迅速增长（10）

五、风险承受能力

10.您的投资出现何种程度的波动时，您会呈现明显的焦虑？

☐ A.本金无损失，但收益未达预期（-5）

☐ B.出现轻微本金损失（5）

☐ C.本金10%以内的损失（10）

☐ D.本金20%～50%的损失（15）

☐ E.本金50%以上损失（20）

图 4-10　投资目的及风险承受能力

最后，我们是需要填写相应的评估结果的，在计算相应的分值后，根据相应的分值评定相应的风险等级，具体如图 4-11 所示。

```
评估结果: _____（客户风险等级）
[客户确认栏]
本人保证以上所填全部信息为本人真实的意思表示，并接受贵行评估意见。
客户签名: _____
评 估 人: _____
```

图 4-11　填写评估结果

风险评估问卷并不能准确判断一个投资者的风险承受能力，更多的是测试投资者和相应产品的合适性。投资者都希望在风险可控的情况下收益越高越好，但是实际上风险与收益成正比，收益越高，风险也越高。

风险评估问卷一般仅作为一个投资参考，具体是否购买还应该从家庭的资产与负债、家庭闲置资金、家庭财务规划以及家庭经济周期等多方面考虑。

## 4.2.2　风险等级这样分

在国内，一般银行将理财产品风险由低到高分为 R1（保守型）、R2（稳健型）、R3（平衡型）、R4（成长型）和 R5（进取型）5 个级别。具体以工商银行为例进行介绍。

**案例实操**

**在工商银行理财产品说明书中看风险等级**

打开产品的说明书，我们可以看到除了对该产品的风险有定位以外，银行还会对风险等级有一定的说明，如表 4-1 所示。

表 4-1　工商银行理财产品风险等级分类

| 风险等级 | 风险水平 | 评级说明 | 目标客户 |
|---|---|---|---|
| PR1 级 | 很低 | 产品保障本金，且预期收益受风险因素影响很小；或产品不保障本金但本金和预期收益受风险因素影响很小，且具有较高的流动性 | 经工商银行客户风险承受能力评估为保守型、稳健型、平衡型、成长型、进取型的有投资经验和无投资经验的客户 |
| PR2 级 | 较低 | 产品不保障本金但本金和预期收益受风险因素影响较小；或承诺本金保障但产品收益具有较大不确定性的结构性存款理财产品 | 经工商银行客户风险承受能力评估为稳健型、平衡型、成长型、进取型的有投资经验和无投资经验的客户 |
| PR3 级 | 适中 | 产品不保障本金，风险因素可能对本金和预期收益产生一定影响 | 经工商银行客户风险承受能力评估为平衡型、成长型、进取型的有投资经验的客户 |
| PR4 级 | 较高 | 产品不保障本金，风险因素可能对本金产生较大影响，产品结构存在一定复杂性 | 经工商银行客户风险承受能力评估为成长型和进取型的有投资经验的客户 |
| PR5 级 | 高 | 产品不保障本金，风险因素可能对本金造成重大损失，产品结构较为复杂，可使用杠杆运作 | 经工商银行客户风险承受能力评估为进取型的有投资经验的客户 |

对于如上的评级，一般还应该与投资者的风险承受能力相匹配才行，一般银行理财产品的风险等级评定需要从产品的投资范围、投资资产、投资组合、理财产品的期限、收益以及运营风险等方面综合考量。

无论是风险承受能力还是风险等级划分，简单来说就是帮助投资者了解"底线"，如能承受亏本吗？比例是多大？渴望的收益是多少？希望产品是低风险还是高风险？银行通过风险评估和风险等级划分，了解个人的投资"底线"，从而更好地进行匹配。一般只有个人的风险承受能力大于产品的风险等级，才考虑投资。

# 4.3
# 风险提示看关键词

一般在产品的说明书中都会进行风险提示，那么怎么理解这些风险提示呢？风险提示一般可以从收益与本金风险、利率风险、管理风险、提前终止风险、流动风险、信用风险、政策风险以及不可抗力风险等关键词上去了解。

## 4.3.1　本金与收益的风险是多大

我们知道银行理财产品存在保本固定收益、保本浮动收益及非保本浮动收益类产品，一般保本固定收益类的产品风险极低，类似于银行存款，在这里我们不做深入探讨。重点说明保本浮动收益和非保本浮动收益产品的本金和收益的风险，以工商银行的相关理财产品为例。

**案例实操**

**保本浮动收益类理财产品的本金与收益风险**

打开产品的说明书，我们可以看到产品具有基本的投资风险，但银行对客户的本金进行保障，因此本金的风险极低，如图 4-12 所示。

| 重要提示 | 本理财产品有投资风险，工商银行对本理财产品的本金提供保证承诺，不保证理财收益，您应充分认识投资风险，谨慎投资。<br>本理财产品的总体风险程度很低，工商银行承诺本金的完全保障。理财产品的投资方向为低风险的投资市场，投资收益受宏观政策和市场相关法律法规变化、投资市场波动等风险因素影响很小，产品收益较为稳定。<br>在发生最不利情况下（可能但并不一定发生），客户可能无法取得收益。请认真阅读理财产品说明书第五部分风险揭示内容，基于自身的独立判断进行投资决策。 |
|---|---|

图 4-12　本金与收益风险

从以上图中我们可以看到，产品的收益风险主要在于发生最不利情况下，客户可能无法取得收益，只能收回本金，但该理财产品的总体风险程度很低，工商银行承诺本金的完全保障。该理财产品的投资去向为一些低风险的投资品市场，收益受到政策、市场、法律法规等的影响较小，收益相对稳定。

**案例实操**

### 非保本浮动收益类理财产品的本金与收益风险

打开产品的说明书，我们可以看到该类产品风险为PR3级，银行对产品的本金和收益都不提供保障，在发生最不利情况下，客户可能无法取得收益，并可能面临损失本金的风险。该理财产品的总体风险程度适中，适合成长型和进取型的客户。具体如图4-13所示。

| 产品类型 | 混合类、开放式、非保本、浮动收益型 |
|---|---|
| 产品期限 | 无固定期限 |
| 产品风险评级 | PR3级（本产品的风险评级仅是工银理财有限责任公司内部测评结果，仅供客户参考） |
| 目标客户 | 经工商银行客户风险承受能力评估为平衡型、成长型、进取型的有投资经验的客户 |
| 客户风险承受能力级别 | （如影响您风险承受能力的因素发生变化，请及时完成风险承受能力评估） |
| 重要提示 | 工银理财对本理财产品的本金和收益不提供保证承诺。<br>本理财产品的总体风险程度适中，风险因素可能对本金和收益产生一定影响。<br>在发生最不利情况下（可能但并不一定发生），客户可能无法取得收益，并可能面临损失本金的风险。请认真阅读理财产品说明书第十三部分风险揭示内容，基于自身的独立判断进行投资决策。 |

**图4-13 本金与收益风险**

由上例可知，不管是对于保本浮动收益还是非保本浮动收益产品，本金的风险主要在于到期是否会亏损。而对于收益，两类产品都属于浮动的收益，具体收益风险大小应根据具体投资去向而定，就像投资股票和外汇，收益都具有一定风险，但是风险高低由具体产品市场、运作和政策等决定。

## 4.3.2 利率风险和政策风险怎么看

利率风险简单理解就是理财产品在产品期限内，市场利率变动，而产品的预期收益并不会随着市场利率的变动而变动的风险。

同时因为通货膨胀的原因，产品存在预期收益率或实际收益率可能低于通货膨胀率，从而导致实际收益率为负的风险。以建设银行产品为例进行说明。

**案例实操**

**建设银行理财产品的利率风险**

打开产品的说明书，我们可以看到该产品具有利率及通货膨胀风险，在该产品的存续期间，产品的预期收益并不会随着央行的存款利率或贷款利率调整而变动。同时，产品存在客户预期收益率或实际收益率低于通货膨胀率时，客户实际收益率为负的风险。具体如图 4-14 所示。

> 6. 利率及通货膨胀风险：在本产品存续期限内，即使中国人民银行调整存款利率及/或贷款基准利率，本产品的预期收益率可能并不会随之予以调整。同时，本产品存在客户预期收益率及/或实际收益率可能低于通货膨胀率，从而导致客户实际收益率为负的风险。

图 4-14　利率风险

如遇到存款利率的连续加息，客户购买同期的理财产品的收益可能低于同期的定期存款利率，此时将面临一定的利率风险。如一年期的理财产品预期年化利率低于一年期的定期存款利率。

虽然利率风险发生的概率极低，但还是存在的，如遇到利率频繁上调，投资者可以选择一些期限较短的理财产品，这样就能实现理财产品的利率阶梯式上涨。

当然如果遇到利率频繁下调，则购买方法相反，但是这也只是投资参考的某一方面，具体还是要根据风险承受能力、风险评估、家庭财务计划、家庭资产和负债等来决定。

利率的变动，简单说还是货币政策的影响，而政策风险对于银行理财产品也是存在一定的影响的。政策风险简单来说就是产品是根据相关的法律法规设计的，如果国家的政策、法律法规及监管规定出现一定的变化，根据相关合同的有关规定，可能导致出现产品被宣告无效、撤销、解除或提前终止等的风险，如图 4-15 所示。银行是不承担相应的风险的，风险由投资者承担，其中政策风险为第一条提示。

> **在您选择购买理财产品前，请注意投资风险，仔细阅读理财产品销售文件，了解理财产品具体情况。客户应在详细了解和审慎评估该理财产品的资金投资方向、风险评级及预期收益等基本情况后，自行决定购买与自身风险承受能力和资产管理需求匹配的理财产品。理财产品管理人提醒客户应本着"充分了解风险，自主选择购买"的原则，谨慎决策，自愿将其合法所有的资金用于购买本产品，在购买本产品后，客户应随时关注本产品的信息披露情况，及时获取相关信息。中国建设银行不承担下述风险：**
>
> 　　1. 政策风险：本期产品是依照当前的法律法规、相关监管规定和政策设计的。如国家宏观政策以及市场法律法规、相关监管规定发生变化，可能影响产品的受理、投资运作、清算等业务的正常进行，由此导致本产品预期收益降低；也可能导致本期产品违反国家法律、法规或者其他合同的有关规定，进而导致本产品被宣告无效、撤销、解除或提前终止等。

图 4-15　政策风险

政策风险除了如上直接对产品产生影响外，一般还可能存在因为政策的改变对市场的影响给产品的收益带来一定的风险。

### 4.3.3 产品内外部风险怎么看

产品内部的风险主要包括产品不成立风险、产品提前终止风险、产品税收风险、抵质押物变现风险、延期风险、管理风险、信用风险、流动风险和信息传递风险等。

◆　*产品不成立风险*

简单理解就是产品已经结束募集期，但是募集的总金额未达到规模的下限，或者市场发生剧烈波动或发生本产品难以成立的其他情况，经银行判断难以按照本产品说明书规定向客户提供本产品，银行有权利但无义务宣布产品不成立。

◆　*产品提前终止风险*

产品存续期内若市场发生重大变动、突发性事件或银行认为需要提前终止产品的其他情形时，银行有权提前终止产品。在提前终止情形下，客户面临不能按预定期限取得本金及预期收益的风险。

◆　*产品税收风险*

一般银行不负责代扣代缴客户购买产品所得收益应缴纳的各项税款。

如果根据相关税法法规规定理财产品管理人应代扣代缴相关税款的，银行有权依法履行代扣代缴义务。此时客户面临着实际收益需要减去相应的税费的风险，而且税法的执行及修订可能对产品在投资运作过程中需缴纳的相关税费产生一定的影响，最终影响投资收益。

◆ 抵质押物变现风险

一般产品的一些基础资产下可能设定了相应的抵质押等担保品。如果出现违约情况，产品管理人则会对相应的抵质押物进行处置，如果抵质押物等不能变现或不能及时、足额变现，将给客户的实际收益带来一定的影响。

◆ 延期风险

产品的延期风险简单理解就是在一定的情况下，银行有权对理财产品进行期限的延长，此时投资者就将面临产品期限延长，不能按期收到本金和收益的风险。

◆ 管理风险

产品投资在一些市场时，如现金类资产、货币市场工具、货币市场基金、标准化固定收益类资产、非标准化债权类资产和其他符合监管要求的资产，对于资金的运作方来说，因经验、判断力及执行力等的限制，会给产品的运作和管理带来的影响，从而给投资的实际收益带来一定的影响。

◆ 信用风险

信用风险简单理解就是投资了一些信用类产品后，投资的产品出现了违约，无法按期兑付相关收益，此时投资者就将面临信用风险。

◆ 流动风险

流动风险主要是对于理财产品本身而言，一般产品在投资期限内是不能提前赎回的，这就导致如果客户有资金需求时，不能及时变现，从而丧失其他投资机会的风险。

◆ 信息传递风险

信息传递风险简单理解就是产品的管理人需要根据相关约定，定期进行信息披露，如果客户未及时查询或者非因银行原因的通信故障、系统故障以及其他不可抗力等因素的影响使投资者无法及时了解产品信息，并由此影响投资者的投资决策，由此产生的责任和风险由投资者自行承担。

此外，如果投资者预留在银行的联系方式发生改变，应及时通知银行，否则理财产品管理人将可能在其认为需要时无法及时联系到客户，并可能会由此影响客户的投资决策，由此而产生的责任和风险由投资者自行承担。

对于产品外部的风险，一般我们可以从两个方面去理解，包括产品市场风险和不可抗力及意外事件风险，具体介绍如下：

◆ 产品市场风险

产品市场风险简单理解就是产品的收益会根据市场的变动而发生的一系列变化，可能出现最终到期后，产品的收益为零，甚至为负的情况。

◆ 不可抗力及意外事件风险

不可抗力及意外事件风险简单理解就是因但不限于自然灾害、金融市场危机、战争或国家政策变化等不能预见、不能避免以及不能克服的不可抗力事件，非银行原因的意外事件发生，可能对产品的成立、投资运作、资金返还、信息披露和公告通知等造成影响，甚至可能给本金和收益带来风险，这类风险由投资者自身承担。

## 4.4
# 规避风险有妙招

**投资有风险，理财需谨慎。** 对于上一节所列示的那些银行理财产品风险，我们可以不可以规避呢？同样以工商银行理财产品为例进行介绍。

## 4.4.1 QQWJ28 产品详情

对于产品的详情一般可以选择去官网查看相关信息，也可以通过产品的说明书进行查询。

**案例实操**

**通过产品说明书查看 QQWJ28 详情**

打开产品的说明书，在产品概述里有对产品名称、期限、风险等级等进行的详细说明，如图 4-16 所示，这里只做展示。

| 一、产品概述 | |
|---|---|
| 产品名称 | 全球稳健定期开放28天产品QQWJ28 |
| 产品代码 | QQWJ28 |
| 理财信息登记系统登记编码 | C1010215004632 个人客户可依据本产品的登记编码在"中国理财网（www.chinawealth.com.cn）"查询产品信息；法人等其他类型客户可于本理财产品发行结束5个工作日后，向工商银行客户经理获取理财产品的登记编码，并依据该登记编码在"中国理财网（www.chinawealth.com.cn）"查询产品信息。 |
| 产品风险评级 | PR3（本产品的风险评级仅是工商银行内部测评结果，仅供客户参考） |
| 销售对象 | 个人高净值客户 |

**图 4-16 产品概述**

在产品的概述里，除了如上的基本信息，一般还会对产品的认购、到期日、提前赎回、费用和业绩基准等进行说明，在前面章节我们已经详细说过阅读方法，这里不再重复，投资者可逐条阅读理解，不懂的应及时咨询理财经理或者线上客服。

此外，我们还应该知道产品的投资去向、投资风险、投资管理人、提前终止以及信息披露等。

对于该产品的投资去向，我们在说明书中，可以看到主要分为四大类，并且每一类具有一定的投资比例，具体如图 4-17 所示。根据图中信息，我们可以看到该产品一般会将 0 ~ 80% 的资金投资于高流动性资产、权益类资产和其他资产或资产组合；而将 20% ~ 100% 的资金投资于债权类资产。

| 资产类别 | 资产种类 | 投资比例 |
|---|---|---|
| 高流动性资产 | 债券及债券基金 | 0~80% |
| | 货币市场基金 | |
| | 存款及存款凭证（CD） | |
| | 质押式及买断式回购 | |
| 债权类资产 | 债权类信托 | 20%~100% |
| | 交易所委托债权 | |
| | 股票收益权类信托 | |
| | 交易所融资租赁收益权投资 | |
| 权益类资产 | 股权类信托 | 0~80% |
| | 新股及可转债申购信托（含网上及网下） | |
| | 结构化证券投资信托计划优先份额 | |
| 其他资产或资产组合 | 证券公司及其资产管理公司资产管理计划 | 0~80% |
| | 基金公司资产管理计划 | |
| | 保险资产管理公司投资计划 | |
| | 协议存款组合 | |

**图 4-17　投资去向**

一般如果各类投资品投资比例暂时超出以上范围，但不会对客户预期收益产生影响，银行将在 10 个工作日内调整至上述比例范围。

该产品所投资的资产或资产组合一般经过了银行严格审批和筛选，在投资时达到可投资标准。一般除说明书特别约定外，拟投资的各类债券信用评级均在 AA 级（含）以上、短期融资券信用评级达到 A-1。

该产品的投资管理人是工商银行，银行接受客户委托和授权，根据约定进行投资管理，代表客户签订投资和资产管理过程中涉及的协议、合同等。

对于收益和风险后面我们将详细讲解，这里不进行介绍。对于产品的提前终止，一般是银行有权根据运行情况终止该产品，并至少于终止日前 3 个工作日进行信息披露。终止日后 3 个工作日内，银行会将客户的理财资金划入指定的账户，终止日与到账日之间不计息。

而对于产品的信息披露，一般可以在官网查询，具体如图 4-18 所示。

我们需要注意，一般银行会在提前成立或者终止日前 3 个工作日，在网站"http://www.icbc.com.cn"或相关营业网点发布相关信息。

在产品存续期间，银行可以提前 3 个工作日，通过工商银行网站或相关营业网点发布相关信息，对产品信息或产品说明书的其他条款进行补充、说明和修改。

> **七、信息披露**
>
> 如本产品提前成立或提前终止，工商银行将在提前成立或终止日前3个工作日，在网站（www.icbc.com.cn）或相关营业网点发布相关信息。
>
> 本产品正常成立后15个工作日内，工商银行将在网站（www.icbc.com.cn）或相关营业网点发布产品成立报告。
>
> 本产品终止后10个工作日内，工商银行将在网站（www.icbc.com.cn）或相关营业网点发布产品到期报告。
>
> 在本产品存续期间，工商银行可以提前3个工作日，通过工商银行网站（www.icbc.com.cn）或相关营业网点发布相关信息，对业绩基准、投资范围、投资品种或产品说明书其他条款进行补充、说明和修改。客户如不同意补充或修改后的说明书，可根据工商银行的通知或公告在补充或修改生效前赎回本产品，客户理财资金和收益（如有）将在赎回日后3个工作日内划转至客户账户。

图 4-18　信息披露

## 4.4.2 QQWJ28 产品收益

对于银行理财产品的收益，不同类型的产品，收益计算是不同的。

**案例实操**

**计算 QQWJ28 产品收益**

对于 QQWJ28 产品收益，我们可以根据不同的情形来计算，一般可以分为常见的三种情形，简单说明如下：

①选择自动再投资，且持有期间业绩基准发生调整

李先生投资了 5 万元，无固定期限，但一般 28 天为一个周期，产品的业绩基准为 3.25%，在李先生持有了第二个周期，业绩基准发生了调整，为 4.0%，李先生投资周期为 2。那么根据产品收益计算公式：产品的收益 =

50 000×3.25％ ×28÷365+50 000×4.00％ ×28÷365=278.08（元）。

②未选择自动再投资，到期赎回

张先生投资了 5 万元，无固定期限，但一般 28 天为一个周期，产品的业绩基准为 3.25%，张先生未选择自动再投资，并且到期赎回。那么根据产品收益计算公式：产品的收益 =50 000×3.25％ ×28÷365=124.66（元）。

③未选择自动再投资，延期赎回

刘先生投资了 5 万元，无固定期限，但一般 28 天为一个周期，产品的业绩基准为 3.25%，刘先生未选择自动再投资，但资金的到账日非工作日，于是投资周期顺延两天，那么根据产品收益计算公式：产品的收益 =50 000×3.25％ ×30÷365=133.56（元）

当然对于如上的产品收益的计算，都是一种预期收益计算，具体还应该根据产品的实际情况计算。

如产品设计、产品管理人的运作等情况，往年运行良好的产品，当期不一定运行良好，历史数据仅仅只能代表过去，供投资者参考。

该产品对于本金和收益都不提供保证，在最不利的情况下，产品到期收益可能不能达到业绩基准，甚至会亏本，此时银行将理财资金根据产品的实际净值向客户进行分配。但一般理财产品保留向发生信用风险的投资品发行主体进行追偿的法定权利，若这些权利在未来得以实现，在扣除相关费用后，将继续向客户进行清偿。

## 4.4.3 QQWJ28 产品风险

QQWJ28 产品是一款非保本浮动收益的产品，这就意味着本金和收益都具有一定的风险，那么该产品的风险还有哪些呢？

**案例实操**

## 了解 QQWJ28 产品风险

一般在产品说明书的首页，在产品的风险提示里，会对本金和收益面临的风险进行详细说明，如图 4-19 所示。

| 重要提示 | 工商银行对本理财产品的本金和收益不提供保证承诺。<br>本理财产品的总体风险程度较低，工商银行不承诺本金保障但客户本金损失的可能性很小。理财产品的投资方向主要为低风险、低收益的投资品市场，产品的本金及收益受宏观政策和市场相关法律法规变化、投资市场波动等风险因素影响较小。<br>在发生最不利情况下（可能但并不一定发生），客户可能无法取得收益，并可能面临损失本金的风险。<br>请认真阅读理财产品说明书第五部分风险揭示内容，基于自身的独立判断进行投资决策。 |
| --- | --- |

图 4-19  本金与收益的风险提示

如上图所示，银行对产品的本金和收益不提供保证承诺。该产品的总体风险程度较低，本金损失的可能性很小。但在最不利情况下客户可能无法取得收益，甚至可能损失本金。

除了如上的风险，该产品同样面临着我们常见的政策风险、信用风险、市场风险、流动性风险、产品不成立风险以及提前终止风险等，具体如图 4-20 所示，这里我们只做部分展示，具体可查看产品说明书。

**五、风险揭示**

本产品类型是"非保本浮动收益理财计划"，根据法律法规及监管规定的有关要求，特向您提示如下：与银行存款比较，本产品存在投资风险，您的本金和收益可能会因市场变动等原因而蒙受损失，您应充分认识投资风险，谨慎投资。本期理财产品可能面临的风险主要包括：

（一）政策风险：本产品在实际运作过程中，如遇到国家宏观政策和相关法律法规发生变化，影响本产品的发行、投资和兑付等，可能影响本产品的投资运作和收益，甚至本金损失。

（二）信用风险：客户面临所投资的资产或资产组合涉及的融资人和债券发行人的信用违约。若出现上述情况，客户将面临本金和收益遭受损失的风险。

（三）市场风险：本产品在实际运作过程中，由于市场的变化会造成本产品投资的资产价格发生波动，从而影响本产品的收益，客户面临本金和收益遭受损失的风险。

（四）流动性风险：每个投资周期内，客户不得提前赎回本产品，面临需要资金而不能变现的风险或丧失其它投资机会。

图 4-20  风险提示

任何投资都具有一定的风险，银行理财产品的风险极低，但并不代表没有风险，对于如上的一些风险，本节提供 5 个规避风险小方法，仅供参考。

◆ 首先，我们要清楚银行理财产品的分类，如是自营还是代销，是保本还是不保本，一般可以分为保本固定收益、保本浮动收益和非保本浮动收益三类。

◆ 其次，明确产品期限，是长期还是短期，一般可分为短期、中长期和长期，此外还有一种非固定期限的，但是具有一个投资周期。如某产品无投资期限，但是投资周期为 30 天。

◆ 再次，明确产品资金的投资去向，如货币市场、债券类市场或股票市场等，并且要明白产品的资金在不同市场的投资比例，如 50% 以上的投资比例在股票市场，一般该产品的风险是极高的。

◆ 然后，看产品设计结构，是单一还是结构性，如一些非保本浮动收益类结构性产品，可能因为设计结构不合理，最后无法取得收益甚至亏本，但一些债券类产品，同为非保本浮动收益类产品，但收益较稳定，本金和收益的风险都较小。

◆ 最后，掌握一些银行理财常识，比如银行理财产品的常用术语，同时要及时地关注银行的官方动态，同时关注政策和市场信息也很重要。

# 银行理财

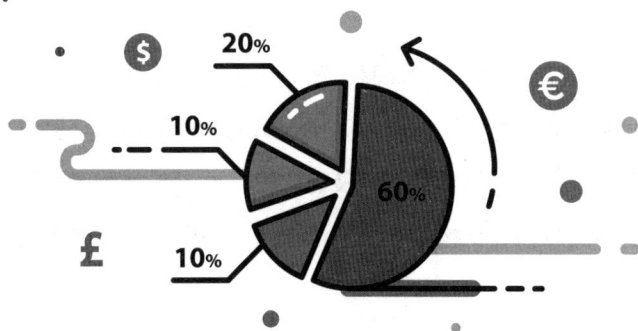

$ 20% 10% 60% £ 10% €

# 第 5 章

## 结构化理财产品并不难

  银行理财产品除了一些固定收益类的理财产品，一般还有一些具有投资性的理财产品,这些产品的收益是浮动的,设计结构也相对复杂,但这些产品却代表着未来的一些发展趋势。常见如结构化理财产品、信托型理财产品、净值型理财产品以及全权资产委托等,本章先从简单的结构化理财产品说起。

**5.1**
# 结构化理财产品聊一聊

结构化理财产品是产品在设计时，将一些固定收益类的产品与金融衍生品组合在一起后形成的金融产品。可以简单理解为结构化理财产品是挂钩于某类产品的，如外汇、期权、股票、利率及信用等，而这些挂钩产品的涨跌将直接影响到理财产品的收益。结构型产品已经成为当今国际上发展迅速、具有潜力的业务之一。

## 5.1.1 产品分类

结构化理财产品根据挂钩资产的类别不同，一般可分为股权挂钩型产品、利率挂钩型产品、汇率挂钩型产品、商品挂钩型产品以及信用挂钩型产品等。

**股票挂钩型**。简单理解就是理财产品的收益与某只股票挂钩或者股票指数挂钩，该类产品一般是固定收益债券与股票的投资组合。

**利率挂钩型**。简单理解就是理财产品的收益与利率或者债券挂钩，根据不同的设计结构，可分为不同的种类。

**汇率挂钩型**。简单理解就是产品的投资收益与货币的汇率挂钩，一般可分为双重币别结构和汇率联动结构。

**商品挂钩型**。简单理解就是产品的投资收益与商品价格或商品价格指数挂钩。挂钩商品常见如大豆、小麦及原油等期货商品。

**信用挂钩型**。简单理解就是该类产品的投资收益与某些特别事件的发生息息相关，一般常见如债券和信用衍生品的组合。

结构化理财产品根据是否保本，可分为保本型结构化理财产品和高收益型结构化理财产品，保本型的结构化理财产品简单说就是当产品到期赎回时，投资者的本金是可以收回的，而投资的收益大小则与挂钩标的资产的投资收益相关；而高收益型的结构化理财产品，到期赎回时，由于挂钩标的表现较好，投资者获得了相对于其他理财产品更高的收益，但也可能收益为零，甚至亏损本金。高收益与高风险并存，所以投资者要斟酌购买。

根据产品的募集方式的不同，一般可分为公募结构化理财产品和私募结构化理财产品，前者通常可以在交易所交易。

无论按照怎样的方式划分，结构化理财产品的出现丰富了银行理财产品的种类，对于投资者来说，也有更多选择空间。

结构化理财产品挂钩品种呈现多样性，而产品的收益与挂钩产品的市场表现、投资收益息息相关，行情也取决于挂钩标的的行情表现，如股市行情、汇率行情及期货行情等。

### 5.1.2 产品风险

结构化理财产品的风险一般可以从本金、收益、流动性和价格波动几方面去理解：

**本金风险**。有些结构化理财产品是不具有保本功能的，最终挂钩的标的物的收益与能否保本息息相关，所以在看到高收益的同时也要看到本金可能亏损的风险。

**收益风险**。根据说明书的相关约定，结构化理财产品的收益分配都是基于一些固定的标准执行的，一般是有或者无。

**流动性风险**。与其他理财产品一样，结构化理财产品一般也是无法提前赎回的，提前终止权利一般在银行，因此它同样面临着一定的资金被占用、缺乏流动性的风险。

**价格波动风险**。结构化理财产品的收益除了与挂钩标的的投资收益相关，一般还与其价格相关，而投资标的资产的价格变动在某种程度上将给持有结构化理财产品带来一定的风险。

当然除了如上的风险，结构化理财产品同样面临着理财产品的风险，如图 5-1 所示。

（一）政策风险：本产品在实际运作过程中，如遇到国家宏观政策和相关法律法规发生变化，可能影响本产品的发行、投资和兑付等，若出现上述情况，可能会导致客户收益受损的风险。

（二）信用风险：在工商银行发生信用风险的极端情况下，如被宣告破产等，本产品的本金与收益支付将受到影响。

（三）市场风险：本产品存续期内，可能会涉及到利率风险、汇率风险等多种市场风险，导致结构性存款产品实际收益的波动。如市场利率大幅上升，本产品的年化收益率不会随市场利率上升而调整。如挂钩标的突破目标区间，客户将获得较低收益水平。

（四）流动性风险：本产品的本金及收益将在产品到期后一次性支付，且产品存续期内不接受客户提前支取，无法满足客户的流动性需求。

（五）产品不成立风险：如募集规模低于1000万元，工商银行有权宣布本产品不成立；在产品起始日之前，如市场发生剧烈波动，经工商银行合理判断难以按照原产品说明书约定向客户提供产品时，工商银行有权宣布该产品不成立。任何时候客户应积极关注工商银行相关公告，及时对退回资金进行再投资安排，避免因误认为产品按原计划成立而造成投资机会损失。

（六）不可抗力及意外事件风险：自然灾害、战争等不能预见、不能避免、不能克服的不可抗力事件或系统故障、通讯故障、投资市场停止交易等意外事件的出现，可能对本产品的成立、投资、兑付、信息披露、公告通知等造成影响，客户将面临本金和收益遭受损失的风险。对于由不可抗力及银行责任以外的意外事件风险导致的任何损失，银行不承担任何责任。

（七）信息传递风险：工商银行将按照本说明书的约定进行产品信息披露，客户应充分关注并及时主动查询工商银行披露的本产品相关信息。客户所预留的有效联系方式发生变更的，亦应及时通知工商银行。如客户未及时查询相关信息，或预留联系方式变更未及时通知工商银行导致工商银行在其认为需要时无法及时联系到客户的，可能会影响客户的投资决策。因此而产生的责任和风险由客户自己承担

图 5-1　结构化产品风险

从上述产品风险中可知，该类产品虽然是保本浮动收益的产品，但是同样受到政策、市场、信用、募集、不可抗力及意外事件以及信息传递等多方面的影响，除了如上风险，该产品由于挂钩标的资产，产品还存在一定的利率风险和汇率风险。

## 5.2
# 挂钩产品市场看一看

我们知道结构化理财产品的收益最终与挂钩产品的市场表现息息相关，那么挂钩产品的市场是怎么样的呢？期货品种都有哪些？外汇涨跌怎么看？挂钩黄金产品怎么买？挂钩股票市场的产品表现又如何？

### 5.2.1 挂钩期货品种有哪些

根据相关资产来分类，期货一般可以分为商品期货与金融期货两大类。商品期货又可以分为常见的如农产品期货、金属期货、能源化工和黑色系四大类，其中金属期货包括基础金属期货与贵金属期货。

而金融期货又可分为股指期货、外汇期货和利率期货，其中利率期货又包括中长期债券期货和短期利率期货。

一般个人或是家庭是不能直接在银行买卖期货品种的，但是购买挂钩的相应期货品种后，个人相当于走进了期货市场。

**案例实操**

**在工商银行官网看期货品种**

我们登录工商银行官网以后，在投资理财栏目下的业务办理中可以看到理财、贵金属、基金、外汇、债券、保险和证券期货等，而其中的贵金属、外汇、债券和证券期货等都作为期货的品种之一，具体如图 5-2 所示，我们可以选择感兴趣的进行了解，如单击"证券期货"超链接，查看相关的期货信息。

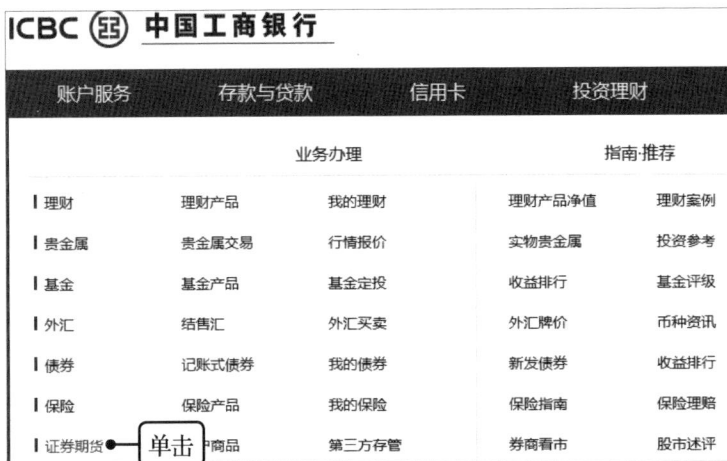

**图 5-2　单击"证券期货"超链接**

在紧接着的页面，单击"大宗商品"按钮，我们可以看到关于账户原油、账户基本金属和账户农产品等近日相关的行情信息，我们可以选择自己感兴趣的板块进行了解，具体如图 5-3 所示。

**图 5-3　大宗商品期货信息**

对于期货品种的行情信息，一般我们可以通过期货行情软件、期货行情网页、期货交易所和期货大型网站等来查看，如股票一样，了解其开盘价、收盘价、最新价、最高价和最低价等数据。

## 5.2.2　外汇涨跌这样看

外汇交易，简单理解就是一国货币与另一国的货币进行交换，而个人的外汇买卖，就是个人在银行办理相应的外汇账户后，通过银行进行买入卖出货币的一种交易。外汇买卖一般是成对出现的，如人民币／美元、欧元／美元以及美元／日元等。

一般通过外汇买卖，个人可以卖出手中持有的外币，买入相对存款利率较高或处于升值中的另一种外币，获得相应的利息和汇差收入。另外还可以将账户委托给银行打理，银行根据时机及相应的报价，为客户把一种外币买卖成另一种外币。

一般对于刚入门的外汇投资者来说，当看到外汇报价时，对于外汇的涨跌容易分不清楚，如同一日，美元兑日元汇率由 107 变到 108，我们一般说这是美元上涨或者日元下跌，但是遇到欧元兑美元汇率由 1.0925 变到 1.0955，这就是欧元上涨，美元下跌，这里又很矛盾了，都是同一日，为什么美元同时上涨或者下跌呢？

这一般是由外汇标价的方法不同造成的，标价方法一般可分为直接标价法和间接标价法。直接标价法简单理解就是以一定数量的特定的外币为规范，换算成其他币种的标价，如 1 美元 =107.51 日元变为 1 美元 =107.63 日元时，因为美元作为特定的数量不变，而日元的数量增加，那么说明美元升值，而日元贬值，目前绝大多数国家都是采用直接标价法，我国的人民币外汇牌价就是采用直接标价法。

而间接标价法又被称作应收标价法，它是以一定单位的本国货币为标准来计算应收多少外币。如 1 元人民币 ≈ 0.1408 美元，目前外汇市场上，采用间接标价法的主要货币有欧元、英镑和澳元等。

**案例实操**

## 在工商银行官网看外汇涨跌

登录工商银行官网以后，在"投资理财"栏目下，我们在业务办理中可以看到外汇，单击"外汇买卖"超链接，我们可以查看外汇的信息。具体如图 5-4 所示。

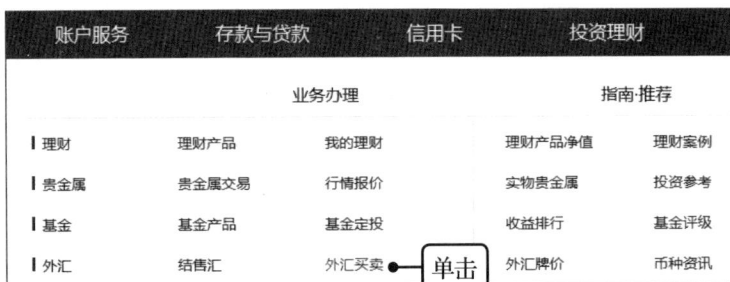

图 5-4　单击"外汇买卖"超链接

在紧接着的页面，我们可以看到关于外汇买卖的相关行情，它表示的是基本盘的一些涨跌信息，如美元兑瑞士法郎、美元兑挪威克朗、美元兑日元都呈现一种上涨的状态，而美元兑新加坡元和美元兑瑞典克朗都呈现一种下跌状态，具体如图 5-5 所示。

图 5-5　查看外汇买卖行情

当然我们还可以选择其中一种外汇进行 K 线图的查看，如美元兑瑞士法郎的日 K 线图，如选择查看 2020 年 5 月 20 日的 K 线图，通过图中信息，我们知道，当日的开盘价为 0.972 5，收盘价为 0.972 7，最高价为 0.973 0，最低价为 0.972 5。通过图中我们可知，最高价出现在 3 月下旬，如图 5-6 所示。

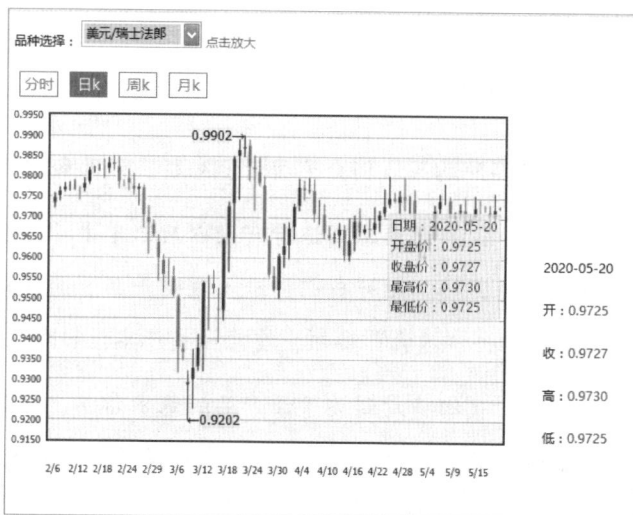

图 5-6　查看日 K 线图

当我们进行外汇买卖时，一定要注意交易时间、行情报价区、挂单模式、挂单有效期和循环挂单等信息，其中个人网上的外汇买卖交易时间一般为周一早上 7:00 至周六凌晨 4:00，如遇节假日还要以银行的公告为准，而银行对于挂单是具有一定的规定的，具体如图 5-7 所示。

图 5-7　交易提示

### 5.2.3 挂钩黄金的理财产品 AUCD63 购买实战

我们知道结构化理财产品，除了挂钩期货、外汇和股票市场外，还挂钩黄金市场，下面以工商银行的挂钩黄金市场的理财产品 AUCD63 为例进行说明。

**案例实操**

**在工商银行官网购买 AUCD63 产品**

对于 AUCD63 产品的购买我们分为搜索、分析、计算和购买。

首先是搜索产品，我们登录工商银行官网以后，单击"投资理财"栏目下的"理财产品"超链接，此时我们将进入理财产品页面，在搜索栏中输入产品代码，然后单击"搜索"按钮，搜索相关产品，如图 5-8 所示。

在该页面的下方，我们将看到关于该产品的基本信息，如产品的业绩基准为 3.45% ~ 3.5%，起购金额为 10 万元，最短投资期限为 63 天，单击产品名称超链接，查看产品说明书。

图 5-8　搜索产品

其次，分析产品说明书，系统将提示我们对于产品的说明书进行下载，产品的说明书一般为 PDF 格式，因为操作比较简单，这里我们就不做详细的说明，下面我们重点是对该产品的产品说明书进行分析。打开产品说明书，首先是对产品代码、系统登记编码、产品风险评级、销售对象、目标客户、期限和产品类型的详细说明，如 AUCD63 产品属于非保本浮动收益类型，产品的风险等级为 PR3，中等，该产品适合平衡型、成长型和进取型的有投资经验的客户，具体如图 5-9 所示。

| 产品代码 | AUCD63 |
| --- | --- |
| 理财信息登记系统登记编码 | C1010218001184 个人客户可依据本产品的登记编码在"中国理财网（www.chinawealth.com.cn）"查询产品信息；法人等其他类型客户可于本理财产品发行结束5个工作日后，向工商银行客户经理获取理财产品的登记编码，并依据该登记编码在"中国理财网（www.chinawealth.com.cn）"查询产品信息。 |
| 产品风险评级 | PR3（本产品的风险评级仅是工商银行内部测评结果，仅供客户参考） |
| 销售对象 | 个人普通客户 |
| 目标客户 | 经工商银行客户风险承受能力评估为平衡型、成长型、进取型的有投资经验的客户 |
| 期限 | 开放式无固定期限产品（63天投资周期） |
| 投资及收益币种 | 人民币 |
| 产品类型 | 非保本浮动收益类 |

**图 5-9　产品要素 1**

除了对如上基本信息的了解外，产品在募集期内是否可以撤单、产品工作日及交易日的具体规定以及挂钩黄金的品种等的说明，我们需要进行简单了解。具体如图 5-10 所示，我们可以知道该产品在募集期是可以撤单的，产品的交易日为上海黄金交易所交易日，而挂钩黄金为 AU9999。

| 募集期是否允许撤单 | 募集期内允许撤单。产品开放日办理的购买，仅支持在当天开放日内进行撤单。非开放日办理的预约购买申请在本产品下一开放日终前均可撤单。 |
| --- | --- |
| 工作日及交易日 | 工作日指国家法定工作日，交易日指上海黄金交易所交易日 |
| 税款 | 理财收益的应纳税款由客户自行申报及缴纳 |
| 其他约定 | 1. AU9999收盘价指上海黄金交易所的黄金投资品种AU9999在15:30的收盘价，其以上海黄金交易所网页 http://www.sge.com.cn公布的数据为准。<br>2. 观察期间内AU9999收益率等于末观察日AU9999收盘价除以首观察日AU9999收盘价再减1。首观察日：每个投资周期内第一个是交易日的周四；末观察日：每个投资周期内最后一个是交易日的周四。<br>3. 挂钩类投资收益中有关价格的数据及计算精确到小数点后两位，小数点后第三位按四舍五入计。<br>4. 客户购买本产品的资金在募集期内按照活期存款利率计息，但利息不计入本金份额。<br>5. 投资周期结束日至资金到账日之间不计利息。 |

**图 5-10　产品要素 2**

产品的托管人、产品的费用、业绩基准、购买追加和提前终止等信息也是阅读说明书的关键信息。如图 5-11 所示，我们可以看到产品的托管人为工商银行上海分行，购买该产品主要费用为托管费、销售手续费和管理费，其中托管费和手续费都是固定的，而管理费是变动的。对于业绩基准，将根据投资的 AU9999 市场走势及资金运作情况不定期调整，银行可以提前终止该产品，但是个人一般不能提前赎回。

| 理财产品托管人 | 工商银行上海分行 |
|---|---|
| 托管费率（年） | 0.03% |
| 销售手续费率（年） | 0.8% |
| 管理费用 | 该产品在扣除工商银行理财销售费、托管费等费用，并按当前业绩基准实现客户收益仍有剩余收益时，剩余收益部分作为产品投资管理费 |
| 业绩基准 | 本产品拟投资0～15%的挂钩类资产，0～80%的高流动性资产，0～80%的债权类资产，20%～100%的权益类资产，0～20%的其他资产或资产组合，工商银行将根据AU9999市场走势及资金运作情况不定期调整业绩基准，并至少于新业绩基准启用前1个工作日通过工商银行网站或相关营业网点公布。设观察期间内AU9999收益率为r（定义见本条"其他约定"），按目前市场收益率水平测算，扣除销售手续费、投资管理费、托管费后，产品业绩基准如下：若r≤30%，业绩基准为3.45%，若r>30%，业绩基准为3.50%。测算收益不等于实际收益，投资需谨慎 |
| 购买起点金额 | 10万元起购，以1 000元的整数倍递增 |
| 追加购买最低金额 | 1 000元，以1 000元的整数倍追加 |
| 提前终止或提前赎回 | 当产品存量低于5 000万元时，工商银行有权终止该产品，并至少于终止日前3个工作日进行信息披露。终止日后3个工作日内将客户理财资金划入客户指定资金账户。终止日至资金实际到账日之间，客户资金不计息。为保护客户权益，中国工商银行有权根据市场变动情况提前终止本理财产品。除本说明书第七条约定的情形外，客户不得提前赎回本理财产品 |

图 5-11　产品要素 3

然后是收益计算，收益是永远的话题，该产品的收益该如何计算呢？一般可以分为四种情况：到期赎回、延期赎回、自动再投资和最不利情况。

根据说明书中的约定，该产品在每个投资周期到期后，在理财资金投资正常的情况下，扣除销售手续费、投资管理费、托管费，设观察期间内 AU9999 收益率为 $r$，若 $r \leqslant 30\%$，业绩基准为 3.45%；若 $r > 30\%$，业绩基准为 3.50%。

①到期赎回

詹先生投资 20 万元，63 天投资到期后，他按期赎回，在持有期间

AU9999 的收益率为 17%，根据相关业绩基准的约定，若 $r \leqslant 30\%$，业绩基准为 3.45%，则他最终收益为：$200\,000 \times 3.45\% \times 63 \div 365 = 1\,190.96$（元）。

②延期赎回

李先生投资 20 万元，同样选择持有一个周期到期赎回，然而当投资到期时，正好遇到国庆假日，于是产品延期 7 天，李先生选择的产品投资周期为 63 天，但他实际投资周期为 70 天，投资周期结束后，在持有期间的 AU9999 的收益率为 32%，根据约定，若 $r > 30\%$，业绩基准为 3.50%。

则他的最终收益为：$200\,000 \times 3.50\% \times 70 \div 365 = 1\,342.47$（元）

③自动再投资

刘先生投资 20 万元，但他在购买时选择了到期后自动再投资，于是在持有一个周期后，他又选择了一个周期，最终在第一个投资周期的业绩基准为 3.45%，实际投资周期为 63 天；第二个投资周期的业绩基准为 3.50%，实际投资周期为 63 天，则他最终收益如下：

$200\,000 \times 3.45\% \times 63 \div 365 + 200\,000 \times 3.50\% \times 63 \div 365 = 2\,399.18$（元）

④最不利情况

因为该产品为非保本浮动收益产品，因此最不利的情况下，投资者可能不能获得相应的投资收益，甚至导致本金的亏损，到时管理人将产品的实际净值向客户进行分配，但是理财产品保留向发生信用风险的投资品发行主体进行追偿的法定权利，若这些权利在未来得以实现，在扣除相关费用后，将继续向客户进行清偿。

如上的收益计算一般计算的是在一定情形下的产品的预期收益，实际收益应以到期银行支付为准。

该产品具有理财产品的常见风险，在说明书中都有详细的记载，在这里我们不做详细的说明。

最后，当我们对产品说明书都详细了解以后，我们可以在图5-8所示的页面中单击"购买"按钮，购买流程一般是填写购买信息、确认购买信息以及购买成功，操作相对简单，这里就不做详细说明。要注意在填写购买信息时，需要进行风险测试，确认个人的风险承受能力，一般首次购买需要去柜台进行测试，网上不能测试，而不进行风险测试是不能购买的。

## 5.2.4 挂钩股市的理财产品购买实战

对于挂钩股市的理财产品，一般是挂钩某只股票或者股市指数，我们以挂钩股票市场的理财产品 HSCS91 为例外说明如下。

**案例实操**

### 在工商银行官网购买 HSCS91 产品

对于 HSCS91 产品的购买我们同样可以分为搜索、分析、计算和购买。

首先是搜索产品，我们登录工商银行官网以后，单击"投资理财"栏目下的"理财产品"超链接，此时我们将进入理财产品页面，在搜索栏中输入产品代码，然后单击"搜索"按钮，搜索相关产品，如图5-12所示。

在该页面的下方，我们将看到关于该产品的基本信息，如产品的业绩基准为 3.20% ~ 7.20%，起购金额为 10 万元，最短投资期限为 91 天，单击"个人普通客户挂钩沪深 300 指数人民币理财产品"超链接，查看更多产品详情以及产品说明书。

**图 5-12　搜索产品**

其次，分析产品说明书，打开产品说明书，首先是对产品代码、系统登记编码、产品风险评级、销售对象、目标客户、期限和产品类型的详细说明，如 HSCS91 产品属于非保本浮动收益类型，产品的风险等级为 PR3，中等，该产品适合平衡型、成长型和进取型的有投资经验的客户，产品没有固定的投资期限，一般最短为 91 天，因此该产品对于风险承受能力较低者是不适合购买的，具体如图 5-13 所示。

| 产品代码 | HSCS91 |
|---|---|
| 理财信息登记系统登记编码 | C1010216001321。个人客户可依据本产品的登记编码在"中国理财网（www.chinawealth.com.cn）"查询产品信息；法人等其他类型客户可于本理财产品发行结束5个工作日后，向工商银行客户经理获取理财产品的登记编码，并依据该登记编码在"中国理财网（www.chinawealth.com.cn）"查询产品信息。 |
| 产品风险评级 | PR3（本产品的风险评级仅是工商银行内部测评结果，仅供客户参考） |
| 销售对象 | 个人普通客户 |
| 目标客户 | 经工商银行客户风险承受能力评估为平衡型、成长型、进取型的有投资经验的客户 |
| 期限 | 开放式无固定期限产品（91天投资周期） |
| 投资及收益币种 | 人民币 |
| 产品类型 | 非保本浮动收益类 |

**图 5-13　产品要素 1**

除了对如上基本信息的了解外，产品在募集期内是否可以撤单、产品起点金额及最低追加金额以及挂钩股市的产品等的说明，我们需要进行简单的了解。如图 5-14 所示，我们可以知道该产品在募集期是可以撤单的，该类产品10万元起购，追加金额是1 000元的整数倍，如投资5.42万元是不能购买该产品的，产品的交易日为上海证券交易所交易日，产品收益是需要缴纳一定税款的，在产品持有期间不能提前赎回，但是银行根据情形，可以提前终止。而关于挂钩产品信息可以在上海证券交易所官网进行查询。

| 购买起点金额 | 10万元起购，以1 000元的整数倍递增 |
|---|---|
| 追加购买最低金额 | 1 000元，以1 000元的整数倍追加 |
| 提前终止 | 当产品存量低于5 000万元时，工商银行有权终止该产品，并至少终止日前3个工作日进行信息披露。终止日后3个工作日内将客户理财资金划入客户指定资金账户。终止日至资金实际到账日之间，客户资金不计息。为保护客户权益，中国工商银行有权根据市场变动情况提前终止本理财产品。除本说明书第七条约定的情形外，客户不得提前赎回本理财产品 |
| 募集期是否允许撤单 | 是 |
| 工作日 | 工作日指国家法定工作日，交易日指上海证券交易所交易日 |
| 税款 | 理财收益的应纳税款由客户自行申报及缴纳 |
| 其他约定 | 1.沪深300指数（000300）以上海证券交易所网页http://www.sse.com.cn公布的数据为准。<br>2.观察期间内沪深300指数收益率等于末观察日沪深300指数收盘价除以首观察日沪深300指数收盘价再减1。首观察日：每个投资周期内第一个是交易日的周四；末观察日：每个投资周期内最后一个是交易日的周四。<br>3.挂钩类投资收益中有关价格的数据及计算精确 |

图5-14　产品要素2

产品的托管人、产品的费用和业绩基准等信息也是阅读说明书的关键信息。如图5-15所示，我们可以看到产品的托管人为工商银行广东分行，购买该产品的主要费用为托管费、销售手续费和管理费，其中托管费和手续费分别为0.03%和0.7%，如投资10万元，两者费用就为30元和700元，而管理费是变动的，该产品在扣除工商银行理财销售费、托管费等费用，并按业绩基准实现客户收益后仍有剩余收益时，剩余收益部分作为产品的投资管理费。如果发生最不利的情况，投资收益为负数，甚至亏损本金，该费用的计算根据银行约定执行。

作为产品最为关键的业绩基准，工商银行将根据沪深300指数的市场走势及资金运作情况不定期调整，业绩基准将分阶段、分标准进行执行。

| 理财产品托管人 | 工商银行广东省分行营业部 |
|---|---|
| 托管费率（年） | 0.03% |
| 销售手续费率（年） | 0.7% |
| 管理费用 | 该产品在扣除工商银行理财销售费、托管费等费用，并按业绩基准实现客户收益后仍有剩余收益时，剩余收益部分作为产品投资管理费。 |
| 业绩基准 | 本产品拟投资0~15%的挂钩类资产，0~80%的高流动性资产，0~80%的债权类资产，20%~100%的权益类资产，0~20%的其他资产或资产组合，工商银行将根据沪深300指数市场走势及资金运作情况不定期调整业绩基准，并至少于新业绩基准启用前1个工作日通过工商银行网站或相关营业网点公布。设观察期间内沪深300指数收益率为r（定义见本条"其他约定"），按目前市场收益率水平测算，扣除销售手续费、投资管理费、托管费后，产品业绩基准如下： 2017年3月8日（含）至2017年8月23日（含）期间确认扣款（包含自动再投资确认）的投资周期，若r<-10%，业绩基准为2.3%，若-10%≤r≤10%，业绩基准为2.3%+0.2×(r+10%)，r>10%，业绩基准为6.30% 。 2017年8月30日（含）至2017年10月25日（含）期间确认扣款（包含自动再投资确认）的投资周期，若r<-10%，业绩基准为2.3%，若-10%≤r≤15%，业绩基准为2.3%+0.2×(r+10%)，若r>15%，业绩基准为7.30% 。2017年11月1日（含）至2020年12月30日（含）期间确认扣款（包含自动再投资确认）的投资周期，若r<-5%，业绩基准为3.2%，若-5%≤r≤15%，业绩基准为3.2%+0.2×(r+5%)，若r>15%，业绩基准为7.20% 测算收益不等于实际收益，投资需谨慎。 |

**图 5-15　产品要素 3**

然后是产品收益计算，该产品的收益该如何计算呢？一般可以分为四种情况：到期赎回、延期赎回、自动再投资和最不利情况。

根据说明书中的约定，每个投资周期到期后，在理财资金投资正常的情况下，扣除销售手续费、投资管理费和托管费，设观察期间内沪深300指数收益率为$r$，若$r < -5\%$，业绩基准为3.2%；若$-5\% \leq r \leq 15\%$，业绩基准为$3.2\% + 0.2 \times (r+5\%)$；若$r > 15\%$，业绩基准为7.2%。

①到期赎回

汤先生投资15万元，投资期限为91天，他按期赎回，在持有期间沪深300指数的收益率为20%，根据相关业绩基准的约定，若$r > 15\%$，业绩基准则为7.2%，他可获得收益：$150\ 000 \times 7.2\% \times 91 \div 365 = 2\ 692.60$（元）。

②延期赎回

冼先生投资15万元，投资期限为91天，同样选择持有一个周期到期赎回，然而当投资到期时，正好遇到国庆假日，于是产品延期7天，冼先生选择的产品投资周期为91天，但他实际投资周期为98天，投资周期结束后，在持有期间沪深300指数的收益率为5%，若 $-5\% \leqslant r \leqslant 15\%$ ，业绩基准为 $3.2\% + 0.2 \times (r+5\%)$ ，则他获得收益为：$150\,000 \times [3.2\% + 0.2 \times (5\%+5\%)] \times 98 \div 365 = 2\,094.25$ （元）。

③自动再投资

朱先生投资15万元，投资期限为91天，他在购买时还选择了到期自动再投资，于是在第一个周期到期后，银行帮他选择了自动进入下一个投资周期，其中在第一个投资周期的业绩基准为4.00%，实际投资周期为91天；第二个投资周期的业绩基准为5.00%，实际投资周期为91天，则他获得收益为：$150\,000 \times 4.00\% \times 91 \div 365 + 150\,000 \times 5.00\% \times 91 \div 365 = 3\,365.75$ （元）

④最不利情况

因为该产品为非保本浮动收益产品，因此最不利的情况下，投资者可能不仅不能获得相应的投资收益，甚至导致本金的亏损，到时管理人将产品的实际净值向客户进行分配，但是理财产品保留向发生信用风险的投资品发行主体进行追偿的法定权利，若这些权利在未来得以实现，在扣除相关费用后，将继续向客户进行清偿。

如上的收益计算一般计算的是在一定情形下的产品的预期收益，实际收益应以到期银行支付为准。

最后，当我们对于产品说明书都详细了解以后，我们可以在图5-12所示的页面中单击"购买"按钮，填写购买信息、确认购买信息后即可成功购买，购买操作与购买黄金及其他理财产品一样，操作相对简单，按照提示进行即可，这里不再重复说明。

我们要注意在填写购买信息时，一定要真实准确，在做风险测试时也是一样，如果个人的风险测试能力低于产品的风险等级，一般不能购买。

## 5.3
# 工商银行的结构化理财产品了解一下

对于工商银行的结构化理财产品，前面我们已经认识了挂钩黄金和股市的产品，这一小节我们将简单说明工商银行挂钩外汇的相关产品。

### 5.3.1　USD189 产品要素

对于该产品的详情，我们可以登录工商银行的官网，进入到投资理财下的"理财产品"页面，在搜索框中输入产品的代码，如 USD189，单击"搜索"按钮，我们就可以在该页面的下方查看到相应的搜索结果，单击"'安享回报'套利 189 天美元理财产品"超链接，进行产品的详情查看，如图 5-16 所示。

图 5-16　搜索产品

紧接着系统会提示我们进行产品说明书的下载，我们可以根据提示将产品说明书下载到本地并且打开该产品的说明书，进行产品的更多详情要素了解，如图 5-17 所示。

| 产品风险评级 | PR2（本产品的风险评级仅是工商银行内部测评结果，仅供客户参考） |
|---|---|
| 销售对象 | 个人高净值客户 |
| 目标客户 | 经工商银行客户风险承受能力评估为稳健型、平衡型、成长型、进取型的有投资经验和无投资经验的客户 |
| 期限 | 开放式无固定期限产品（189天投资周期） |
| 募集币种 | 美元 |
| 收益币种 | 人民币 |
| 产品类型 | 非保本浮动收益类 |

图 5-17　产品要素 1

由上图我们可以知道，该产品风险等级为 PR2 级，投资期限不固定，一般周期为 189 天，募集的外币是美元，但是收益最终以人民币计算，该产品属于非保本浮动收益类，适合风险承受能力评估为稳健型、平衡型、成长型以及进取型的高净值客户。

该产品购买时的费用包括托管费、销售手续费和管理费，托管费和销售手续费的费率分别为 0.03% 和 0.4%，管理费则是根据业绩基准变动而变动，而对于业绩基准工商银行一般会根据市场利率变动及资金运作情况不定期调整，具体如图 5-18 所示。

| 理财产品托管人 | 工商银行北京分行 |
|---|---|
| 托管费率（年） | 0.03% |
| 销售手续费率（年） | 0.4% |
| 管理费用 | 该产品在扣除工商银行理财销售费、托管费等费用，并按当前业绩基准实现客户收益后仍有剩余收益时，剩余收益部分作为产品投资管理费。 |
| 业绩基准 | 本产品拟投资0～80%的高流动性资产，20%～100%的债权类资产，0～80%的其他资产或资产组合，同时，可通过外汇交易等手段实现货币转换并锁定汇率风险。按目前市场收益率水平，扣除销售手续费、托管费后，产品业绩基准为2.00%（年化）。测算收益不等于实际收益，投资需谨慎。工商银行将根据市场利率变动及资金运作情况不定期调整产品业绩基准，并至少于新业绩基准启用前3个工作日公布。每个投资周期对应的业绩基准以每个投资周期起始前一日的产品业绩基准为准，并于该投资周期内保持不变。选择了自动再投资的客户，如遇产品业绩基准调整，客户持有产品期间，单个投资周期内收益率不变，但每个投资周期的收益率可能不同 |

图 5-18　产品要素 2

因为是外币交易，所以对于兑换的汇率是需要进行相关说明的，如由路透社页面"SAEC"公布的"USDCNY ="的报价，除此之外，该产品购买起点金额一般是 8 000 美元，以 100 美元的整数倍递增，如 5 500 美元是不能购买该款理财产品的。此外，在产品到期之前，一般不允许个人提前赎回，但是银行在一定的情形下有权提前终止，我们购买该款理财产品的投资收益是需要缴纳一定税款的，且一般是个人自行申报和缴纳，具体如图 5-19 所示。

| 美元兑人民币基准汇率 | 参照理财产品扣款日北京时间上午9：30左右，由路透社页面"SAEC"公布的"USDCNY ="的报价。如果当日因假期等原因无报价，工商银行有权选择上一个交易日报价作为基准汇率；如果该日虽有报价，但上述参照页面届时不能给出适用的美元兑人民币基准汇率，或者用于汇率确定的版面或时间发生变化，工商银行将本着公平、公正、公允的原则，选择市场认可的合理的汇率作为美元兑人民币基准汇率进行计算。任何情况下基准汇率均以工商银行信息披露的适用汇率为准 |
|---|---|
| 产品计提费用币种 | 人民币（以上述美元兑人民币基准汇率作为计提费用的折算汇率） |
| 购买起点金额 | 8 000美元起购，以100美元的整数倍递增 |
| 追加购买最低金额 | 100美元，以100美元的整数倍追加 |
| 提前终止 | 当产品存量低于500万美元元时，工商银行有权终止该产品，并至少于终止日前3个工作日进行信息披露。终止后3个工作日内将客户理财资金划入客户指定资金账户。终止日至资金实际到账日之间，客户资金不计息。为保护客户权益，中国工商银行有权根据市场变动情况提前终止本理财产品。除本说明书第七条约定的情形外，客户不得提前终止本产品 |
| 募集期是否允许撤单 | 是 |
| 工作日 | 国家法定工作日 |
| 税款 | 理财收益的应纳税款由客户自行申报及缴纳 |
| 其他约定 | 客户购买本产品的资金在募集期内按照活期存款利率计息，但利息不计入购买本金份额；投资周期结束日至资金到账日之间不计利息 |

图 5-19 产品要素 3

那么，该类理财产品一般是怎么购买的呢？在募集期内和开放日都可以购买，可选择在工作时间在网点或者电子银行购买，该产品的资金到账日一般为到期日的次日，具体如图 5-20 所示。

| 产品购买 | 1. 募集期内网点营业时间及网上银行24小时接受购买申请；2. 产品成立后，网点营业时间及网上银行24小时接受购买申请，本产品每周第一个工作日为开放日（若第一个工作日的次日为法定节假日，则当周产品不开放，也即当周无开放日），客户可于每个开放日9:00至17:00购买产品；开放日次日确认，开放日次日扣款（若开放日次日为周六或周日，确认及扣款将顺延至下一周一）。开放日17:00之后至下一开放日前提交的申请属于预约交易，自动延至下一开放日处理。为保护已投资客户利益，本产品运作规模上限为100亿美元，超过上限后，工商银行有权暂停申购 |
|---|---|
| 资金到账日及投资周期顺延 | 关于投资周期结束日：投资周期结束日需为产品开放日（规则请详见"产品购买"相关内容）。若按189天的投资周期推算的投资周期结束日为非开放日，则投资周期结束日顺延至最近一个产品开放日。关于资金到帐日：投资周期结束日次日为资金到账日 |

图 5-20 产品要素 4

### 5.3.2 计算 USD189 产品收益

对于该产品的收益，一般可以分 4 种情况进行介绍，如到期赎回、延期赎回、自动再投资和最不利情况，具体说明如下：

◆ 到期赎回

李先生投资了 1 万美元，选择了一个投资周期，投资期限为 189 天，其中在持有期间，美元兑人民币基准汇率为 6.15，持有到期赎回，他获得的最终收益为：10 000×2.00%×6.15×189÷365=636.90（元）。

◆ 延期赎回

刘先生投资了 1 万美元，选择了一个投资周期，投资期限为 189 天，但到期日为非工作日，投资周期顺延了 7 天，实际投资周期为 196 天，其中在持有期间，美元兑人民币基准汇率为 6.15，则他获得的最终收益为：10 000×2.00%×6.15×196÷365=660.49（元）。

◆ 自动再投资

唐先生投资 1 万美元，投资期限为 189 天，他在购买时还选择了到期自动再投资，于是在第一个周期到期后，银行帮他选择了自动进入下一个投资周期，其中在第一个投资周期的业绩基准为 2.00%，第一个投资周期美元兑人民币基准汇率为 6.15，实际投资周期为 189 天；第二个投资周期的业绩基准为 2.2%，实际投资周期为 189 天，第二个投资周期美元兑人民币基准汇率为 6.17，则他获得收益为：10 000×2.00%×6.15×189÷365+10 000×2.2%×6.17×189÷365=1 339.78（元）。

◆ 最不利情况

因为该产品为非保本浮动收益产品，因此在最不利的情况下，投资者可能不仅不能获得相应的投资收益，甚至导致本金的亏损，到时管理人将产品的实际净值向客户进行分配，但是理财产品保留向发生信用风险的投资品发行主体进行追偿的法定权利，若这些权利在未来得以实现，在扣除相关费用后，将继续向客户进行清偿。

在计算收益的同时，我们也要考虑到产品的风险，对于该款产品的风险，主要包括政策风险、信用风险、市场风险、流动性风险以及产品不成立风险等，具体如图 5-21 所示。

五、风险揭示

本产品类型是"非保本浮动收益理财计划"，根据法律法规及监管规定的有关要求，特向您提示如下：与银行存款比较，本产品存在投资风险，您的本金和收益可能会因市场变动等原因而蒙受损失，您应充分认识投资风险，谨慎投资。本期理财产品可能面临的风险主要包括：

（一）政策风险：本产品在实际运作过程中，如遇到国家宏观政策和相关法律法规发生变化，影响本产品的发行、投资和兑付等，可能影响本产品的投资运作和收益，甚至本金损失。

（二）信用风险：客户面临所投资的资产或资产组合涉及的融资人和债券发行人的信用违约。若出现上述情况，客户将面临本金和收益遭受损失的风险。

（三）市场风险：本产品在实际运作过程中，由于市场的变化会造成本产品投资的资产价格发生波动，从而影响本产品的收益，客户面临本金和收益遭受损失的风险。

（四）流动性风险：每个投资周期内，客户不得提前赎回本产品，面临需要资金而不能变现的风险或丧失其它投资机会。

（五）产品不成立风险：如果因募集规模低于说明书约定的最低规模或其他因素导致本产品不能成立的情形，客户将面临再投资风险。

（六）提前终止风险：为保护客户利益，在本产品存续期间工商银行可根据市场变化情况提前终止本产品。客户可能面临不能按预期期限取得预期收益的风险以及再投资风险。

图 5-21　产品风险

除了如上的风险，一般还包括如交易对手管理风险、兑付延期风险、不可抗力及意外事件风险和信息传递风险。交易对手风险是从交易对手对于到期收益的影响来说的；而兑付延期风险简单说是由于各种因素的影响，产品持有到期后，资产无法及时变现，从而使本金和收益要延期支付的风险；而不可抗力及意外事件风险简单说就是因自然灾害、金融市场危机、战争或国家政策变化等不可抗力事件对理财产品的成立、运作、收益、信息披露等造成影响。

本产品在说明书的最后还对个人是否是高净值的客户进行确认，从而确定其是否可以购买该产品，具体如图 5-22 所示。

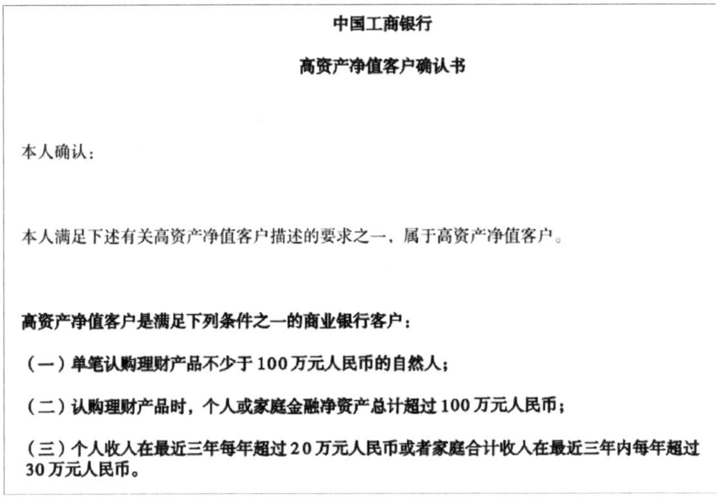

中国工商银行

高资产净值客户确认书

本人确认：

本人满足下述有关高资产净值客户描述的要求之一，属于高资产净值客户。

**高资产净值客户是满足下列条件之一的商业银行客户：**

（一）单笔认购理财产品不少于100万元人民币的自然人；

（二）认购理财产品时，个人或家庭金融净资产总计超过100万元人民币；

（三）个人收入在最近三年每年超过20万元人民币或者家庭合计收入在最近三年内每年超过30万元人民币。

图 5-22　确认身份

对于如上的三个条件，一般只需要满足其中之一，如曾购买过 100 万元以上的银行理财产品或者个人最近 3 年年收入超过 20 万元或者家庭收入超过 30 万元。投资者对如上身份的确认最好真实，并签字，这个和风险评估问卷一样，作为个人购买理财产品的风险承受能力参考之一。

**理财贴士** *怎么理解产品的业绩基准*

一般我们在看银行产品时，都会看到在产品下方有一个业绩比较基准，并且以利率的形式呈现，那么业绩比较基准就是产品收益率吗？

业绩比较基准比较简单，它只是产品管理人根据同类产品以前的市场走向，而设定的一个投资目标，不能代表产品的实际收益或收益承诺，具体收益还是要以银行实际支付为准。

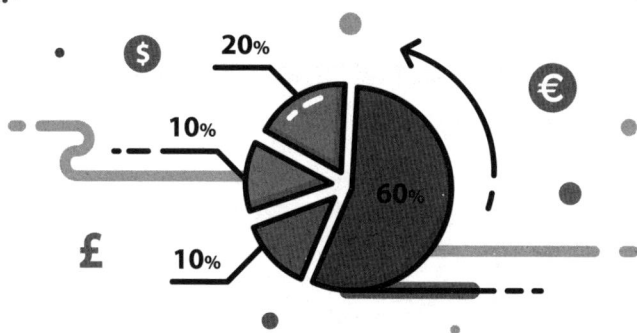

银行理财

# 第6章

## 净值型理财产品很简单

　　随着时代的不断发展，市场的不断完善，在传统的理财产品之外，还诞生了一些新的理财产品，如净值型理财产品。那么什么是净值型理财产品？收益怎么计算？风险是高还是低？它适合哪类人群投资？如何选择净值型理财产品？答案就在本章。

# 产品常识了解一下

净值型理财产品的投资范围是怎么样的？产品的特色是什么？产品的收益如何计算？产品的风险都有哪些？

## 6.1.1 基本常识看一看

传统的银行理财产品一般都是封闭型的，产品收益一般固定或者具有一个预期收益率，而净值型理财产品的交易一般是开放式的，产品的收益也以净值的形式定期公布，类似于一些基金，举例说明如下：

李先生投资 1 万元，购买了银行的一款理财产品，投资期限是 245 天，预期收益率为 3.75%，当他和银行签订合约以后，银行就会将他这一万元的本金拿去投资，假设银行的投资收益不错，最终收益达到了 4.5%，到期后，银行将给客户兑换本金，并且按照 3.75% 的预期收益兑付，而超出的 0.75% 将作为银行的超额管理费用。

如果银行将 1 万元的本金拿去投资，最终收益只有 2.75%，如果银行最终在扣除相应的费用后，剩余的收益分配给李先生，亏损的本金由李先生自身承担，这种以产品的最终净值分配到客户的理财产品，一般就是净值型理财产品，产品不能保本，并且收益也是浮动的。

但因为银行理财产品相对于其他的理财产品，安全性、稳定性更高，因此银行发行的净值型理财产品，大部分也都是稳健性比较高的固收类产品。但具体还是要根据产品说明书中产品的定级来看，具体是 R1 还是 R5。

与传统理财产品未到期无法赎回相比，开放式净值型理财产品的流动性更高。推出的产品一般都是短期的居多，当投资者持有到期后，一般投资者可以在每周或者每月进行赎回。一般净值型理财产品会定期披露收益。

在政策、利率及市场等因素的影响下，传统银行理财产品的收益可能受到较大的影响。但净值型理财产品则为投资者获取更高收益提供了可能。

要正确地看待净值型理财产品，一定要注意以下几个问题：

◆　净值不等于高风险

净值型理财产品就好像开放式基金，一般是通过单位净值来计算相应收益的，很多人觉得以单位净值计算收益的风险都很高，其实还是要看具体的产品，很多产品以净值计算，收益也是相对稳定的，如货币基金。

◆　业绩基准代表的是过往收益率

一般关于产品的收益都用业绩基准代表，其代表的不是产品的实际收益率或者收益承诺，而是根据产品的过往业绩所推算的一个收益率，如一款理财产品已经成立 189 天，最新的净值是 1.05，那么，其年化收益率 =（当前净值 − 初始净值）÷ 初始净值 ÷ 已成立天数 ×365 天 =（1.05−1）÷ 1÷189×365=9.66%。

◆　申购、赎回费用不能忘

一般理财产品可能只有托管费、销售手续费和管理费等，但有的净值型理财产品还有申购费和赎回费的，投资者在计算收益的时候，还需要将申购费和赎回费减去。如上述那款理财产品，如果申购费为 0，但是有 0.5% 的赎回费，那么它的年化收益率 =9.66%−0.5%=9.16%。一般银行都会在产品说明书中对相关的费用进行详细说明，投资者一定要仔细阅读。

◆ 遵循未知价法原则

一般在当日买卖净值型理财产品时，对于当日的交易的实际价格是不清楚的，因为当日的净值是在下一个净值公布日才发布数据的。因此，无论是申购还是赎回，只能参考上一交易日的净值，这就是未知价法原则。

◆ 购买或赎回的金额不相等

一般净值型理财产品的购买或者赎回是按照相应的份额计算的，如刘先生购买了 5 万元的净值型理财产品，该产品的净值为 1.05，那么他的理财份额 =50 000 元 ÷1.05 ≈ 47 619.05（份）。到期时这款理财产品的净值上涨到了 1.73，当刘先生赎回这款理财产品时，他赎回总金额 =47 619.05（份）×1.73 ≈ 82 380.96（元）。

◆ 到账时间要确认

一般净值型理财产品和其他的理财产品一样，到期后，都不是当日到账的，最快的也是 T+1 日，具体要以产品说明书为准。

## 6.1.2 产品收益算一算

在计算净值型产品的收益时，我们要考虑四个方面，产品单位净值、产品费用计算、产品收益计算和税收，具体介绍如下：

◆ 单位产品净值

根据未知价法原则，每个产品开放日测算开放日前一个自然日的产品单位净值，而开放日公布开放日前一个自然日的产品单位净值。如我们在 2020 年 5 月 22 日申购或赎回该产品，那么我们一般是根据 2020 年 5 月 21 日的产品单位净值计算要申购或赎回的份额。产品在刚成立时，初始净值通常为 1，如购买了 5 万元，那么购买份额就为 50 000（元）÷1=50 000（份）。

◆ 产品费用计算

一般银行都会对产品的费用进行计提，按照固定销售费用、固定管理费、固定托管费、超额业绩报酬和申购赎回费等综合计算。

**固定销售费用**。一般按照 0.3% 的年费率进行计算，但不排除一些银行会在客户首次购买时，在一定时间内提供一定的优惠。可按照公式计算：S＝E×0.3%÷ 当年天数，其中，S 为每日应计提的销售费，E 为前一自然日产品资产净值。

**固定管理费用**。一般按照 0.2% 的年费率进行计算，或根据相应的公式计算：H＝E×0.2%÷ 当年天数，其中，H 为每日应计提的管理费，E 为前一自然日产品资产净值。

**固定托管费用**。一般常见按照 0.02% 的年费率进行计算，或根据相应的公式计算：G＝E×0.02%÷ 当年天数，其中，G 为每日应计提的托管费，E 为前一自然日产品资产净值。

**超额业绩报酬**。一般银行会设立业绩比较基准 A 和业绩比较基准 B，如业绩比较基准 A 为 4.10%，业绩比较基准 B 为 5.10%，若理财产品单个运作周期内累计年化收益率超过 4.10% 且小于 5.10%，超出部分 80% 将作为超额业绩报酬；若理财产品单个运作周期内累计年化收益率超过 5.10%，超出部分 90% 将作为超额业绩报酬。

**产品认购、申购、赎回费用**。对于产品的认购费用、申购费用和赎回费用应根据具体产品来区分，有的产品会收取一部分，有的产品全无。

◆ 产品收益计算

对于产品的收益计算，我们同样可以根据三种不同情形来计算不同的收益，如开放日购买、募集期购买和亏本后赎回，具体介绍如下：

**开放日购买**。到期赎回，计算相对简单，如李先生在 1 月 22 日申购了某净值型理财产品 5 万元，而 1 月 21 日的产品单位净值为 1.1234 56，则他持有份额为：50 000÷1.1234 56 ≈ 44 505.52（份），实际持有 546 天，如果到期产品单位净值为 1.2534 21，根据相应的计算公式：年化收益率 =（当前净值 − 初始净值）÷ 初始净值 ÷ 产品运行天数 ×365，那么他持有期年化收益率 =（1.253 421−1.123 456）÷ 1.123 456 ÷ 546×365 ≈ 7.73%。

**募集期购买**。周先生在 A 产品的募集期购买了 5 万元该产品，购买产品时单位净值为 1，那么他持有份额为 50 000 份，他到期赎回时产品单位净值为 1.154 329。他实际持有天数为 546 天，赎回份额为 50 000 份。则他可赎回金额为：50 000×1.154 329=57 716.45（元）。那么他在持有期的年化收益率可计算为：（57 716.45−50 000）÷ 50 000×365÷546 ≈ 10.32%。

**亏本后赎回**。当投资的本金不能足够收回时，那么收益该如何计算呢？杨先生在募集期内就购买了某产品 C，投资本金为 5 万元，购买时产品的单位净值为 1，他实际持有了 546 天，赎回时产品单位净值为 0.865 931。那么他到期可赎回金额为：50 000×0.865 931=43 296.55（元），他持有期收益 =50 000×（0.865 931−1）=−6 703.45（元），这就意味着到期不仅没有获得相应的投资收益，还亏损了 6 703.45 元。

◆ 税收

因为产品在运作过程中，将涉及各种纳税主体，因此投资者要依法纳税，如增值税应税行为，由委托银行申报和缴纳，税款从产品资产总值中扣除。

对于如上的收益计算，一般是假设数据，并没有将影响收益的所有因素考虑在内，测算收益不等于实际收益，具体应以银行实际支付为准。

# 建设银行的净值型理财产品购买实战

不同的银行推出的不同系列的净值型理财产品，那么它的投资范围是怎么样的？产品的收益如何计算，产品的风险都有哪些？产品优势在哪里呢？下面我们以建设银行的净值型理财产品为例，简单说明如下。

## 6.2.1 ZHQYAX270D2018001 产品要素

对于产品的要素，一般我们可以通过产品的说明书理解，如图 6-1 所示。从产品的名称、募集方式、产品类型、风险评级和业绩基准等我们知道，该产品无固定期限，最低持有 270 天，该产品是非保本浮动收益的，适合收益型、稳健型、进取型和积极进取型个人客户，而该产品的业绩基准分为两个类别，可以作为收益计算参考。

| 产品专业名称 | 中国建设银行"乾元-安鑫"（最低持有 270 天）按日开放固定收益类净值型非保本浮动收益型人民币理财产品 |
|---|---|
| 募集方式 | 公募 |
| 产品类型 | **固定收益类、非保本浮动收益型** |
| 产品内部风险评级 | 💡💡（两盏警示灯） |
| 业绩比较基准 | **业绩比较基准 A 为 3.80%，业绩比较基准 B 为 4.80%**<br>1. 本产品为净值型产品，其业绩表现将随市场波动，具有不确定性。本产品业绩比较基准仅作为计算产品管理人业绩报酬的标准，不构成对该理财产品的任何收益承诺。<br>2. 中国建设银行可根据市场情况等调整业绩比较基准，并至少于新的业绩比较基准启用日之前 2 个产品工作日进行公告。 |
| 适合客户 | **收益型、稳健型、进取型、积极进取型个人客户、及机构类客户** |

图 6-1　查看产品要素

当然在产品要素中，我们还需要注意到其他的一些关键词，比如产品单位净值、七日年化收益率、购买起点、购买渠道、税款、购买以及赎回确认等信息，一般相对简单，仔细阅读说明书即可。

除产品要素，对于资金的去向，我们应该有所了解，在 ZHQYAX270D2018001 产品说明书中，我们可以看到该产品的投资主要用于现金类资产、货币市场工具、货币市场基金、标准化固定收益类资产和其他符合监管要求的资产，其中前四大类的资产的比例为 80% ~ 100%；其他符合监管要求的资产 0 ~ 20%。其中在现金类资产、货币市场工具和标准化固定收益类的资产下还可以进行资产细分以及投资比例划分，具体如图 6-2 所示。

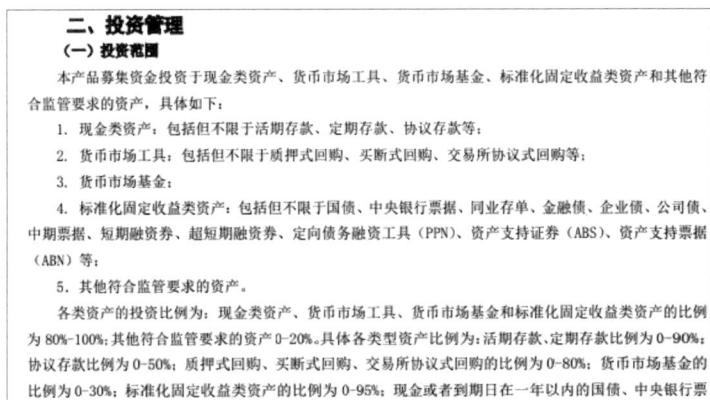

**二、投资管理**
**（一）投资范围**

本产品募集资金投资于现金类资产、货币市场工具、货币市场基金、标准化固定收益类资产和其他符合监管要求的资产，具体如下：

1. 现金类资产：包括但不限于活期存款、定期存款、协议存款等；
2. 货币市场工具：包括但不限于质押式回购、买断式回购、交易所协议式回购等；
3. 货币市场基金；
4. 标准化固定收益类资产：包括但不限于国债、中央银行票据、同业存单、金融债、企业债、公司债、中期票据、短期融资券、超短期融资券、定向债务融资工具（PPN）、资产支持证券（ABS）、资产支持票据（ABN）等；
5. 其他符合监管要求的资产。

各类资产的投资比例为：现金类资产、货币市场工具、货币市场基金和标准化固定收益类资产的比例为 80%-100%；其他符合监管要求的资产 0-20%。具体各类型资产比例为：活期存款、定期存款比例为 0-90%；协议存款比例为 0-50%；质押式回购、买断式回购、交易所协议式回购的比例为 0-80%；货币市场基金的比例为 0-30%；标准化固定收益类资产的比例为 0-95%；现金或者到期日在一年以内的国债、中央银行票据

图 6-2　投资去向

一般上述的投资比例并不是不会变化的，在资产的运作过程中，如果因市场变化，资产的投资比例已经高于上述的比例，可能会将上述的投资比例进行一定的调整，但一般会在调整前两个工作日进行公告。如客户不接受，可按本产品说明书的约定赎回本产品。

## 6.2.2　ZHQYAX270D2018001 产品收益如何计算

在计算 ZHQYAX270D2018001 产品收益时，我们需要考虑产品单位净值、产品费用计算、产品收益计算和税收四个方面，具体介绍如下：

◆　产品单位净值

根据未知价法原则，每个产品开放日测算开放日前一个自然日的产品单位净值，而开放日公布开放日前一个自然日的产品单位净值。假如在 2020 年 5 月 25 日申购或赎回该产品，那么我们一般根据 2020 年 5 月 24 日的产品单位净值计算要申购或赎回的份额。一般产品单位净值保留至小数点后 6 位。通常产品在刚成立时，初始净值通常为 1，如购买了 1 万元，那么购买份额就为 10 000（元）÷ 1=10 000（份）。

◆　产品费用计算

银行通常都会对产品的费用进行计提，一般按照固定销售费用、固定管理费、固定托管费、超额业绩报酬和申购赎回费等综合计算。

**固定销售费用**。该产品销售费按前一自然日产品资产净值的 0.30% 年费率计提。或使用公式 $S = E \times 0.3\% \div$ 当年天数，其中，$S$ 为每日应计提的销售费，$E$ 为前一自然日产品资产净值，其中在 2019 年 11 月 30 日之前让利投资者，固定销售费率优惠为 0.1%/ 年，2019 年 12 月 1 日起，固定销售费率恢复为 0.3%/ 年。

**固定管理费用**。该产品按照 0.2% 的年费率进行计算，或根据相应的公式计算：$H = E \times 0.2\% \div$ 当年天数，其中，$H$ 为每日应计提的管理费，$E$ 为前一自然日产品资产净值。

**固定托管费用**。该产品按照 0.02% 年费率进行计算，或根据相应的公式计算：$G = E \times 0.02\% \div$ 当年天数，其中，$G$ 为每日应计提的托管费，$E$ 为前一自然日产品资产净值。

**超额业绩报酬**。该产品设立业绩比较基准 A 和业绩比较基准 B，如业绩比较基准 A 为 3.8%，业绩比较基准 B 为 4.8%，若理财产品单个运作周期内累计年化收益率超过 3.8% 且小于 4.8%，超出部分 80% 将作为超额业绩报酬；若理财产品单个运作周期内累计年化收益率超过 4.80%，超出部分 90% 将作为超额业绩报酬。

**产品认购、申购、赎回费用**。该产品无认购费用、申购费用和赎回费用。

◆ *产品收益计算*

对于产品的收益计算，我们同样可以根据 3 种不同情形来计算不同的收益，如开放日购买、募集期购买和亏本后赎回，具体介绍如下：

**开放日购买**。一般在开放日购买，计算相对简单，如张先生在 1 月 22 日申购了某净值型理财产品 1 万元，而 1 月 21 日的产品单位净值为 1.123 456，则他持有份额为：10 000 ÷ 1.123 456 ≈ 8 901.11（份），实际持有 270 天，如果到期产品单位净值为 1.198 531，根据相应的计算公式：年化收益率 =（当前净值 − 初始净值）÷ 初始净值 ÷ 产品运行天数 × 365，那么他持有期年化收益率 =（1.198 531−1.123 456）÷ 1.123 456 ÷ 270 × 365 ≈ 9.03%。

**募集期购买**。周先生在 A 产品的募集期购买了 1 万元该产品，购买产品时单位净值为 1，那么他持有份额为 10 000 份，他到期赎回时产品单位净值为 1.132897。他实际持有天数为 273 天，赎回份额为 10 000 份。则他可赎回金额为：10 000 × 1.132 897=11 328.97（元）。那么他在持有期的年化收益率可计算为：（11 328.97−10 000）÷ 10 000 × 365/273 ≈ 17.77%。

**亏本后赎回**。当投资的本金不能足够收回时，那么收益该如何计算呢？李先生在募集期内就购买了某产品 C，投资本金为 1 万元，购买时产品的单位净值为 1，他实际持有了 273 天，赎回时产品单位净值为 0.795 831。那么他到期可赎回金额为：10 000 × 0.795 831=7 958.31（元），他持有期收益 =10 000 ×（0.795 831−1）=−2 041.69（元），这就意味着到期不仅没有获得相应的投资收益，还亏损了 2 041.69 元。

◆　税收

因为产品在运作过程中，将涉及到各种纳税主体，因此投资者要依法纳税，如增值税应税行为，由委托银行申报和缴纳，税款从产品资产总值中扣除。

对于如上的收益计算，一般是假设数据，并没有将影响收益的所有因素考虑在内，测算收益不等于实际收益，具体应以银行实际支付为准。

### 6.2.3 ZHQYAX270D2018001 产品风险

对于产品的风险，首先应当了解产品的本金与收益风险，一般在说明书的首页会对本金和收益的风险进行揭示，该产品为非保本浮动收益型，对于本金和收益不提供保障，但亏损的概率较低，适合收益型、稳健型、进取型和积极进取型个人客户，如图 6-3 所示。

本产品内部风险评级级别为 2 盏警示灯💡💡，风险程度属于较低风险。产品适合收益型、稳健型、进取型及积极进取型客户。最不利情况下资产组合无法回收任何本金和收益，客户将损失全部本金。客户不得使用贷款、发行债券等筹集的非自有资金投资本产品。如影响您风险承受能力的因素发生变化，请及时完成风险承受能力评估。

中国建设银行理财产品内部风险评级说明如下：

| 风险标识 | 风险水平 | 评级说明 | 适用群体 |
|---|---|---|---|
| 💡💡 | 较低风险 | 不提供本金保护，但客户本金亏损和收益不能实现的概率较低 | 收益型<br>稳健型<br>进取型<br>积极进取型 |

注：本风险评级为中国建设银行内部评级结果，该评级仅供参考，不具备法律效力。

图 6-3　产品本金和收益风险

其次，看产品的外部风险，如政策风险、信用风险、利率风险和不可抗力及意外事件风险等，具体介绍如下：

**政策风险。**简单理解就是因为国家宏观政策以及市场法律法规、相关监管规定发生变化，给产品带来的一系列的风险。

**信用风险**。简单理解就是在产品的运作过程中，因为投资产品出现了信用违约，从而给投资收益带来的风险。

**市场风险**。简单理解就是因为市场变动给产品的收益带来波动，导致最终收益为零或亏损本金的风险。

**利率风险**。简单理解就是在持有该产品期间，利率变动给投资标的的收益带来的影响，同时受到通货膨胀的影响，实际收益也在降低的风险。

**不可抗力及意外事件风险**。简单理解就是包括但不限于自然灾害、金融市场危机、战争或国家政策变化等不能预见、不能避免及不能克服的不可抗力事件的发生，对产品的成立、运作、信息披露、公告通知等产生影响，最终导致产品的收益低于业绩比较基准，甚至发生亏本。

下面具体来看产品的内部风险，如流动性风险、信息传递风险、产品不成立风险、提前终止风险和税收风险等，如图 6-4 所示。

> 8. 信息传递风险：中国建设银行将按照产品说明书有关"信息披露"的约定进行产品信息披露。客户应根据"信息披露"的约定及时进行查询。如果客户未及时查询，或由于非建设银行原因的通讯故障、系统故障以及其他不可抗力等因素的影响使得客户无法及时了解产品信息，并由此影响客户的投资决策，因此而产生的责任和风险由客户自行承担。另外，客户预留在中国建设银行的有效联系方式发生变更，应及时通知中国建设银行。如客户未及时告知联系方式变更，中国建设银行将可能在其认为需要时无法及时联系到客户，并可能会由此影响客户的投资决策，由此而产生的责任和风险由客户自行承担。
>
> 9. 产品不成立风险：如产品募集期届满、认购总份数未达到规模下限（如有约定）、市场发生剧烈波动或发生本产品难以成立的其他情况，经中国建设银行判断难以按照本产品说明书规定向客户提供本产品的，中国建设银行有权但无义务宣布产品不成立。
>
> 10. 提前终止风险：产品存续期内若市场发生重大变动或突发性事件，或发生产品管理人认为需要提前终止本产品的其他情形时，中国建设银行有权提前终止本产品。
>
> 11. 税收风险：中国建设银行暂不负责代扣代缴客户购买本产品所得收益应缴纳的各项税款。若相关税法法规规定产品管理人应代扣代缴相关税款，中国建设银行有权依法履行代扣代缴义务，则客户面临其取得的收益扣减相应税费的风险。此外，税收法规的执行及修订可能对本产品投资运作等过程中需缴纳的相关税费产生影响，可能影响客户收益，甚至造成产品本金损失的风险。

图 6-4 产品内部风险

对于如上的一些风险，一般都是投资者自身承担的，银行不承担相应的风险。所以，一定要理解风险条款。

一般银行会要求客户在阅读相应的风险条款后，进行签字确认，并且抄录一段话，具体如图 6-5 所示。

**签字与签章**

个人客户请在下面填写您的风险承受能力评级、抄录风险揭示语句并签字：

客户声明：本人在购买本产品前已完成风险承受能力评估，且该评估结果具有效力。

本人风险承受能力评级：____________（由客户自行填写）

根据监管部门的要求，为确保客户充分理解本产品的风险，请在确认栏抄录以下语句并签名：

**本人已经阅读风险揭示，愿意承担投资风险。**

客户抄录：____________________________________

________________________________________

客户签名：__________________（客户声明：投资决策完全是由客户独立、自主、谨慎做出的。客户已经阅读客户协议书所有条款（包括背面）、客户权益须知、本产品风险揭示书及本产品说明书，充分理解并自愿承担本产品相关风险。）

年　　月　　日

（加盖销售网点公章）

年　　月　　日

图 6-5　风险抄录

在风险抄录时要注意，一定是在阅读相应的风险揭示书并且已经做过相应的风险测评后独立自主签字。

### 6.2.4 ZHQYAX270D2018001 产品购买流程

对于产品的购买，一般可以分为产品申购和产品赎回，具体介绍如下：

◆ 产品申购

产品申购简单理解就是产品购买，购买又分为在募集期购买和在开放日购买。如在产品募集期内购买，客户通过产品认购进行产品购买，认购资金当日冻结，并于产品成立日进行认购资金扣划。

而在产品存续期内购买时，客户通过产品申购进行产品购买，申购申请实时确认。一般我们可以在银行官网购买,如图 6-6 所示。登录建设银行官网,输入相应的产品代码,单击"搜索"按钮,找到相关产品,再单击"购买"按钮,进入购买。

图 6-6 搜索产品

在紧接着的页面,我们可以看到产品的购买分三步走,填写购买信息、确认购买信息和购买成功,如图 6-7 所示。

图 6-7 购买操作

在购买时我们要注意,首次购买一定要在营业网点做风险测试,否则无法在网上购买,购买操作相对简单,按照提示操作即可,这里不做详细说明。

我们在申购时，一般是按照份额进行的，申购份额按四舍五入原则，保留至小数点后 4 位。计算公式：申购份额 = 申购金额 ÷ 开放日前一个自然日产品单位净值。

◆ 产品赎回

一般产品不允许提前赎回，可分为正常赎回和超额赎回，如图 6-8 所示，在产品说明书中，我们可以看到关于赎回的信息，如需要满足持有份额在 270 天及以上，可提出赎回份额申请，未达到最低持有周期的不能赎回，赎回的投资本金和收益实时返还至客户指定账户。

| 产品赎回 | 1. 产品存续期内，**客户持有份额 270 天及以上，可提出赎回份额申请**，赎回的投资本金和收益**实时返还至客户指定账户。每个开放日的赎回截止时间为 15:30**。<br>2. 如客户多次购买产品，其中持有 270 天及以上的份额，可进行赎回，**持有 270 天以内的份额，不可赎回**。<br>3. 若某开放日发生巨额赎回，中国建设银行于该开放日后 3 个工作日内进行公告，并按公告的比例和时间兑付客户投资本金与收益。<br>4. 若某开放日发生巨额赎回，中国建设银行有权暂停接受客户新的赎回申请，并于该开放日后 3 个工作日内进行公告。<br>5. 赎回单位：1 份的整数倍。 |
|---|---|
| 巨额赎回和单个客户累计赎回限额 | 1. 在某一开放日，产品累计净赎回份额（累计赎回份额-累计申购份额）**超过前一个开放日日终份额的 10%时，触发巨额赎回**。<br>2. 发生巨额赎回时，建设银行有权拒绝全部赎回申请或部分赎回申请，于该开放日后 3 个工作日内进行公告，并按公告的比例和时间兑付客户投资本金与收益。<br>3.在每一产品开放日内，**单个个人客户和单个机构客户累计赎回份额均不超过 3 亿份**。中国建设银行可根据需要对本条款进行调整，并至少于新条款启用日之前 2 个产品工作日进行公告。 |

图 6-8　产品赎回

规定超过前一个开放日日终份额的 10% 时，触发巨额赎回，而发生巨额赎回时，建设银行有权拒绝全部赎回申请或部分赎回申请，并且进行公告。另外，无论是个人还是机构，每个开放日，即使是巨额赎回也是有限制的，如累计赎回份额均不超过 3 亿份。

一般产品是以份额进行赎回的，而赎回的金额一般是一个大约的数，根据四舍五入的原则，保留至小数点后两位。赎回金额＝赎回份额 × 开放日前一个自然日产品单位净值。

# 6.3
# 产品购买优势及购买技巧

对于投资者来说，净值型理财产品相比传统的理财产品，收益和本金都具有不确定性。那么相比之下，它又具有哪些优势？有没有什么购买技巧？

## 6.3.1 产品购买优势看一看

净值型理财产品的优势一般可以从收益、流动性、风险评级、管理和发展趋势等方面去理解，具体介绍如下：

◆ 产品收益

相对于传统理财产品的固定收益，净值型理财产品的收益是浮动的，也更具有潜力，比如在股市、债市等迎来丰收的季节，此时购买的净值型理财产品可以博取相对高的收益，同时因为银行参与运作和投资，在一定程度上降低了风险，加强了风控。

◆ 产品流动性

对于传统理财产品，持有期间是不能赎回的，而有的净值型理财产品是可以在持有期间进行赎回的，净值型产品分为开放式、定开式和封闭式，其中开放式的产品，流动性最高，有的产品甚至支持随时赎回。

◆ 产品风险评级更丰富

传统理财产品的风险大多较低，且银行实现刚性兑付，即收益固定，到期还本，多为 R1 级产品，而净值型理财产品具有产品的多样性，产品风险 R1 ～ R5 级不等，这就满足了不同的投资需求。

◆ 产品管理

相对于传统理财产品，净值型理财产品才是银行资产管理能力的体现，我们看到很多理财产品的管理人都是某银行分行，一般能独立运作净值型理财产品的商业银行是真正具有实力的银行，在产品的管理上更具有优势，因此产品的最终收益也更有保障。

◆ 产品发展趋势

在资管新规落地后，理财市场上净值型理财产品的比重越来越大，而各大银行推出的净值型理财产品的规模和种类越来越多，就好像一只潜力股。

◆ 产品信息更透明

相对来说，净值型理财产品在每个开放期都会公布实时净值，信息更透明，更方便投资者投资决策。

当然，任何产品都有其优缺点，对于净值型理财产品来说，它的缺点体现在两大方面：

第一，不保障本金及收益。与传统的保本固定收益和保本浮动收益不同，它不仅不保本，也不保障收益。任何一款产品都具有亏损本金的风险。

第二，它对于产品投资者的要求较高，如要求投资者对产品风险以及自身风险承受能力要有更准确的了解，需要掌握一些基础的识别和判断风险的能力。如要求投资者是平衡型、稳健型、进取型或积极进取型的客户，这将一定程度上影响产品的购买起点金额及产品风险等级，以及本身的风险承受能力，如高于 R1 级，一般在 R2 ～ R3 居多。

净值型理财产品与开放式基金类似，大部分为开放式、非保本浮动收益型理财产品，没有预期收益，没有投资期限。

一般申购或者赎回时，离不开三个数据，即产品净值、产品份额和单位净值。产品净值体现了产品的实际价值，产品份额体现了产品的规模。存在公式：单位净值 = 产品净值 ÷ 产品份额，单位净值的变动体现产品的每一单位的价值的变动情况。

一般在不考虑手续费的情况下，净值上涨是赚了，净值下跌是亏损。如购买时产品单位净值为 1，赎回时产品单位净值为 1.5，在不考虑购买和赎回费用的情况下，每份收益为 1.5−1=0.5（元）。如果赎回单位净值为 0.75，在不考虑购买和赎回费用的情况下，每份收益为 0.75−1=−0.25（元），即产品每一份收益亏损 0.25 元。

当然，一般开放式净值型理财产品的具体收益的计算方法为：年收益率 =（当前净值 − 原始净值）÷ 原始净值 ÷ 成立天数 × 365 天。如一款开放式净值型理财产品的原始净值为 1，当前净值为 1.03，目前已经成立了 270 天，那么计算得出的年收益率 =（1.03−1）÷ 1 ÷ 270 × 365=4.06%。

## 6.3.2 产品购买技巧聊一聊

在购买净值型理财产品前我们需要注意几个问题，产品的购买门槛、产品风险等级和产品收益率等，具体介绍如下：

◆ 产品购买门槛

对于净值型的银行理财产品，一般我们常见的购买门槛都在 10 万元、50 万元、100 万元或以上，相对其他银行理财产品来说，购买门槛更高。因此投资者在购买前，需要有相应的资金计划，看该门槛是否在预期的资产配置内。

◆　产品风险等级

对于净值型的银行理财产品来说，一般是不保本的，并且也不会刚性兑付，产品的风险等级一般在 R2 ～ R5 级，个人或者家庭在购买前，需要做好相应的风险评估，根据相应的评估结果去匹配相应风险的产品。

◆　产品收益率

一般定期产品的收益率高于活期产品收益率，如定期利息高于活期利息，而对于银行理财产品来说，一般长期产品的收益率要高于短期产品收益率，风险等级越高的银行理财产品收益也越高。

在购买净值型理财产品时一般可以从投资风险、投资种类、投资需求、投资机构、投资收益和投资信息披露等方面着手，具体介绍如下：

◆　投资风险

一般在净值型理财产品说明书中都会标注产品风险等级，投资者可根据自身需要进行购买，一般较低风险等级的净值型理财产品相对比较安全。

◆　投资种类

将全部的资金用来购买一种净值型理财产品是不适合的，要分散投资风险，可实行组合投资，具体根据家庭资产及风险承受能力等综合考虑。

◆　投资需求

不同的家庭或个人，投资需求是不同的，如对于投资新手来说，一般对于稳健净值型产品可考虑一下；对于求稳的投资者来说，对于现金管理类或债券类净值型理财产品可参考一下；对于风险承受能力较高，想实现高收益的投资者来说，对于投资标的中包含一些高收益高风险的产品的净值型产品可参考一下。

◆ 投资机构

挑选净值型银行理财产品，关注产品发行机构很有必要，一般建议选择具有较好投资管理能力的金融机构发行的净值型银行理财产品。投资者需要了解该产品的过往业绩、股东背景、银行舆论、产品运作团队以及该机构的其他净值型产品的运作情况等，判断该产品发行机构的资产管理能力高低。

◆ 投资收益

净值型银行理财产品收益一般用业绩比较基准体现，它不代表产品的实际收益，本质是根据产品的过往业绩而给出的一个收益预期，具体收益应根据产品的实际兑付收益为准，而预期收益，一般可以在产品说明书中进行查看。

◆ 投资信息披露

净值型理财产品会定期公布投资运作报告，投资者可以通过查阅相关报告，了解产品运作情况，包括投资标的变动、投资收益率和投资比例等。

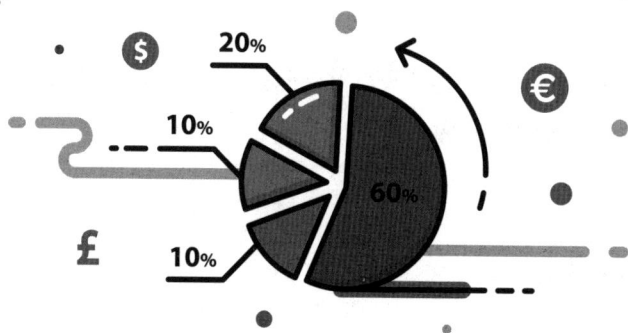

# 银行理财

# 第 7 章

## 信托产品很微妙

一些非专业的投资者，会将信托产品当作银行理财产品来购买，因为其固定的收益与期限，但是信托理财产品与银行理财产品有一定区别，投资者不能进行盲目购买。本章将具体介绍信托产品及其背后的故事。

# 7.1
# 信托小常识

在走进信托市场之前，信托干货需要储备一下，如信托故事、基本术语、信托公司、信托产品和信托收益等。

## 7.1.1 信托故事听一听

对于信托，说简单也简单，说复杂确实也挺复杂的，那么为了大家更好地理解什么是信托，我们来看一个小故事。

**案例实操**

**刘某养牛事件**

在国家大力扶贫的政策下，刘某放弃了城里的高薪工作，打算回到家乡创业，他打算建一个养牛场，资金需求为 100 万元，但是他手里可动用的资金只有 50 万元，朋友知道他的情况，给他介绍了一家信托公司——农生信托有限公司。

公司根据他的需求，派遣了公司的项目经理周某带队考察，周某在考查中发现，刘某信誉较好，以前也涉及过生态养殖项目，对于牛的采购、加工、销售等都具有一系列可行性规划，于是周某向公司汇报，刘某的项目可行，他告诉刘某，公司会支持他的项目，但是不会直接给他打钱，而是通过发行一款"牛牛信托理财产品"，从村民手里募集资金，来帮他建养牛场。

并且公司会给村民一定的回报，为了防止养牛场出现各种经营问题，公司会做一系列风控，这里需要确认几件事。

首先，养牛场开办后不再属于个人，不属于公司，也不属于村民，属于"牛牛信托理财产品"百分百控股。

其次，对于"牛牛信托理财产品"是分级的，刘某手里的属于次级，村民的属于优先级，如果养牛场出现亏损，刘某先承担亏损。

再次，公司会委托一家银行来负责资金的清算，并且公司会监控该笔资金，保证从村民手中募集的资金都用于养牛场的建设。

然后，当养牛场开始盈利，盈利收入必须优先偿还村民，一旦募集的本金和利息还完，剩余的收益都属于刘某。

最后，因为公司帮刘某募集资金、委托银行清算资金及财务监管等，所以银行和公司会收取一定的费用，具体比例会在合同里进行约定。

刘某考虑了一下，最终和公司签订了合同，于是在 15 天后，村民们都接到银行消息：尊敬的客户，我们银行现在推出了一款"牛牛信托理财产品"，两年期，利息 8%，比银行定期多几倍，您要不要考虑一下呢……

在这里我们可以看到，融资方就是刘某，投资方就是村民，也是委托人和受益人，托管方是银行，而农生信托有限公司就是受托人。

也可以这么理解，"牛牛信托理财产品"是农生信托有限公司发起的一款产品，两年期，8% 的收益率，而刘某以资产抵押给信托公司以及第三方进行担保，保证到期归还本金和收益，以此来向村民们募集资金。

信托可以简单理解为"受人之托，代人理财"。村民和农生信托有限公司是信托关系，信托公司和刘某是投资和被投资的关系。

通过如上的故事，对于信托大家都有了一定的了解，信托不仅是一种特殊的融资、财产管理或者法律行为，更是一种金融工具，实现金融各方资源的整合。

## 7.1.2 基本术语记一记

信托术语是在信托行业领域用来表示概念的称谓的集合。一般常用的信托术语有信托行为、信托财产、信托目的、受益权证书、信托报酬、信托责任、信托主体和信托客体等，具体介绍如表7-1所示。

表7-1　信托术语

| 项　　目 | 说　　明 |
| --- | --- |
| 信托行为 | 简单理解就是委托者与受委托者双方签订合同或协议，一般是具有法律效应的，根据不同的信托目的，签订的合同是不同的 |
| 信托财产 | 一般是指根据信托行为从委托人转移到受托者的财产，一般包括有形财产、无形财产和自然权益等，其中有形财产包括股票、债券和房屋等；无形资产包括专利、商标和信誉等；自然权益常见就是作为受益人的遗嘱 |
| 信托目的 | 一般是指作为委托人通过信托所要达到的目的，如为了获得相应的投资高收益，同时规避风险 |
| 受益权证书 | 受益权简单说就是通过信托合同，享受信托收益的权利，而受益权证书就是享有该收益的一种证明文件，如信托存款证书 |
| 信托报酬 | 信托报酬简单理解就是受托人接受委托人的委托后，在办理相关信托业务后，根据合同约定获得的报酬，常见的就是手续费。信托报酬大小取决于合同约定，委托人和受托人可以进行协商 |
| 信托责任 | 一般是受托人对委托人负有的严格按照委托人的意愿去管理委托人的资产的责任，一般在信托关系成立时，受托人就负有相应的信托责任，一般受托人不能以委托人的名义获取不正当的利益 |
| 信托主体 | 一般包括委托人、受托人和受益人，其中，委托人一般是指提供信托财产，确定受益人及受益人享有的权利的主体；受托人一般指承担着管理信托财产责任的一方，在我们国家常见的受托人就是各种信托投资公司；受益人一般是指在信托关系中享有信托受益权的人，可以是个人、组织或法人 |

续表

| 项　　目 | 说　　明 |
|---|---|
| 信托客体 | 信托客体简单理解就是各种信托财产，信托财产必须是委托人自有的、可转让的合法财产。法律法规禁止流通的财产不能作为信托财产；法律法规限制流通的财产依法经有关主管院批准后，可作为信托财产 |
| 信托公司 | 信托公司是以信任委托为基础、以货币资金和实物财产的经营管理为形式，履行融资和融物相结合的多边信用行为的公司 |
| 信托公示 | 简单理解就是通过一定的方式将信托相关信息向社会公众予以公布，保障第三方的交易安全 |
| 信托机构 | 信托机构是指从事信托业务，充当受托人的法人机构 |
| 信托无效 | 意欲设立信托，但其行为不符合法律规定，因而是无效的 |
| 信托存款 | 信托机构按照委托人的要求，为特定目的代为管理的资金，是信托机构经营业务的重要资金来源。常见如委托贷款保证金、委托投资保证金、单位信托存款、公益基金信托存款、劳保基金信托存款和个人特约信托存款等 |
| 信托契书 | 可理解为信托抵押，是指债务人作为信托委托人将自己的财产通过契书转让给信托受托人，以该信托财产保证债权人权利实现的一种担保方式，如果到期不能清偿债务，债权人可要求受托人处理信托财产，最终以变卖所得偿还相关债务 |
| 信托市场 | 当信托成为商业行为后，需求和供给的总和就形成了信托市场 |
| 保证信托 | 保证信托又称"信用签证"。一般指信托机构受托为客户提供信用担保的信托业务。常见如贸易担保、租赁担保、进口担保、借贷担保、有价证券和商业票据发行担保等 |
| 信托资产 | 信托资产是指根据信托文件的要求，由受托人受托管理或处理的各项资产，包括银行存款、短期投资、应收账款、长期股权投资、固定资产和无形资产等 |
| 资产托管 | 资产托管是指拥有资产所有权的企业、单位，通过签订契约合同将资产有偿托管给专业的托管公司，由托管公司进行资产管理，并最终实现资产变现的一种经营方式 |

### 7.1.3 信托公司查一查

如果说银行的实力在某种程度上影响了银行理财产品的收益表现，那么信托公司的实力，同样关系到产品的收益，甚至关系到产品的风险大小。一般信托公司是否优良可以从公司的注册资金、信托资金托管规模、股东背景、融资项目、项目担保以及监管银行等方面去判断，具体如下。

**注册资金**。一般信托公司的注册资金应该是以亿元计量，而非万元。

**信托资金托管规模**。一般托管规模的大小反映了公司的市场认可度及发行能力。

**股东背景**。一般选择信托公司要选择有大公司入股的公司，简单说就是股东背景是央企、大型国企、地方企业及民营企业等，一般央企最靠谱。

**融资项目**。从融资的项目来说，投资股票的项目的风险高于进行其他投资的项目，具体可看信托公司投资项目的标的风险大小。

**项目担保**。从项目担保人来说，一般担保人的实力越强，投资项目的风险越低，如果推出项目的公司本身的实力较强，项目也越安全。

**监管银行**。一般信托公司推出的产品或项目有监管银行的相对更靠谱，一定要注意区分信托公司的资金托管与资金监管，两者是不一样的，资金托管更多的是针对投资者和信托公司而言，而资金监管重点在于银行的参与，所以不能混为一谈。

**风控制度**。一般靠谱的信托公司风控制度都是非常完善的。

现在市场上的信托公司很多，如何选择一家靠谱的信托公司就相当重要，即使是通过银行购买信托产品，参与信托市场，我们也应该知道资金去向，及项目的运作方实力如何。

**案例实操**

## 在信托网中查看信托公司排名

进入信托网（http://www.suobuy.com）首页，在页面上方导航栏中单击"信托公司排名"选项卡，如图7-1所示。我们可以看到，可以根据公司的资本实力、盈利能力、业务能力、抗风险能力以及综合实力等查看公司的排名。

在查看公司的排名时，我们要注意，排名的基础数据全部来源于各信托公司公开披露的年报。而排名所用到相关指标是量化的，一般都来源于母公司的数据，除个别的采用的是合并报表数据。

排名只能反映过去的经营数据，不代表公司现在或者未来数据，仅供投资者参考，但是不能作为投资确定的依据。

我们可以选择自己感兴趣的项目进行了解，在这里单击"2019年信托公司综合实力排名"超链接，查看相应的排名。

图 7-1 单击排名超链接

在紧接着的页面，我们将看到综合实力排名情况，以及年度的变化情况，具体如图7-2所示。

| 2019年信托公司综合排名 | | | | |
|---|---|---|---|---|
| 信托公司 | 得分 | 排名 | 上年排名 | 变化 |
| 中信信托 | 225.47 | 1 | 1 | 0 |
| 重庆信托 | 215.92 | 2 | 2 | 0 |
| 华能信托 | 192.24 | 3 | 7 | 4 |
| 中融信托 | 177.33 | 4 | 6 | 2 |
| 江苏信托 | 176.93 | 5 | 10 | 5 |
| 平安信托 | 170.47 | 6 | 3 | -3 |
| 建信信托 | 166.9 | 7 | 8 | 1 |
| 中航信托 | 155.89 | 8 | 13 | 5 |
| 五矿信托 | 147.44 | 9 | 16 | 7 |
| 华润信托 | 144.83 | 10 | 4 | -6 |

图 7-2　信托公司综合实力排名

在图中我们可以看到，综合实力排名前三的信托公司为中信信托、重庆信托和华能信托，其中，中信信托和重庆信托近年来都稳坐第一和第二，而华能信托从去年的排名第七上升到第三位，而原本排名第三的平安信托下降到了第六位。

到目前为止，我国总计有信托公司 68 家，其中央企控股类信托公司 24 家，地方政府控股类信托公司 9 家，地方性国企控股类信托公司 22 家，外资银行参股 6 家、民营 7 家。具体如表 7-2 所示。

表 7-2　信托公司分类

| 信托分类 | 信托公司 | 控股股东 | 信托公司 | 控股股东 |
|---|---|---|---|---|
| 央企控股类信托公司 | 中诚信托 | 中国人保 | 中航信托 | 中航工业 |
| | 华宝信托 | 宝钢集团 | 建信信托 | 建设银行 |
| | 长城信托 | 长城资产 | 华润信托 | 华润股份 |

续表

| 信托分类 | 信托公司 | 控股股东 | 信托公司 | 控股股东 |
|---|---|---|---|---|
| 央企控股类信托公司 | 国投信托 | 国开投资 | 外贸信托 | 中国中化 |
| | 中投信托 | 建银投资 | 交银信托 | 交通银行 |
| | 英大信托 | 国家电网 | 中粮信托 | 中粮集团 |
| | 金谷信托 | 信达资产 | 中海信托 | 中国海油 |
| | 昆仑信托 | 中国石油 | 中信信托 | 中信集团 |
| | 华鑫信托 | 中国华电 | 中泰信托 | 中国华控 |
| | 华能信托 | 华能资本 | 五矿信托 | 五矿投资 |
| | 大业信托 | 东方资产 | 渤海信托 | 海航集团 |
| | 华融信托 | 华融资产 | 中铁信托 | 中国中铁 |
| 地方政府控股类 | 北京信托 | 北京国资司 | 吉林信托 | 吉林财政厅 |
| | 中江国际 | 江西财政厅 | 甘肃信托 | 甘肃财政厅 |
| | 长安信托 | 西安财政局 | 百瑞信托 | 郑州财政局 |
| | 天津信托 | 天津财政局 | 西藏信托 | 西藏区政府 |
| | 云南信托 | 云南财政厅 | | |
| 地方性国企控股类 | 上海信托 | 上海国际 | 爱建信托 | 爱建股份 |
| | 苏州信托 | 苏州国发 | 杭州信托 | 杭州投资 |
| | 中原信托 | 河南投资 | 湖南信托 | 湖南财信 |
| | 山西信托 | 山西国信 | 陕西国投 | 陕国资委 |

续表

| 信托分类 | 信托公司 | 控股股东 | 信托公司 | 控股股东 |
|---|---|---|---|---|
| 地方性国企控股类 | 江苏信托 | 江苏国信 | 东莞信托 | 东莞财信 |
| | 粤财信托 | 粤财投资 | 重庆信托 | 重庆国信 |
| | 山东信托 | 山东鲁信 | 北方信托 | 天津泰达 |
| | 西部信托 | 陕西电力 | 厦门信托 | 厦门建发 |
| | 华信信托 | 大显股份 | 国联信托 | 无锡国联 |
| | 方正东亚 | 方正证券 | 陆家嘴信托 | 陆金发 |
| | 国元信托 | 安徽国元 | 华宸信托 | 华菱钢铁 |
| 外资银行参股 | 新华信托 | 巴克莱银行 | 华澳信托 | 麦格理集团 |
| | 苏州信托 | 苏格兰皇家银行 | 杭州信托 | 摩根士丹利 |
| | 兴业信托 | 澳大利亚国民银行 | 紫金信托 | 日本住友信托有限公司 |
| 民营 | 平安信托 | 平安保险 | 国民信托 | 股权分散 |
| | 新时代信托 | 新时代远景 | 安信信托 | 上海国之杰投资 |
| | 四川信托 | 四川宏达 | 万向信托 | 万向控股 |
| | 中融信托 | 中植集团 | | |

　　一般信托公司的数量会随着市场的变化有所增加，与基金公司、证券公司集中在北上广不同，信托公司在全国各地都有。信托公司一般具有明显的地域特征，相比较而言，央企控股的公司抗风险能力较强。

## 7.1.4 信托产品看一看

前面小节我们看到了不同地域以及不同股东控股的信托公司，如此多的信托公司其信托产品也是琳琅满目，我们同样可以通过信托网来查看正在销售的一些信托产品。

**案例实操**

在信托网中查看信托产品

进入信托网首页，在页面上方导航栏中单击"信托产品"选项卡，如图 7-3 所示。我们可以看到一些固定收益类的信托产品。其中主要展示了产品的名称、投资方向及预期收益率等，其中预期收益率各不相同，单击"GY托信－青州项目"超链接进行产品的详情了解。

| 序号 | 信托理财产品名称 | 投资方向 | 预期收益率 | 投资起点 | 产品期限 | 返利 | 状态 |
|---|---|---|---|---|---|---|---|
| | **固定收益类信托产品** | | | | | | |
| 1 | GY信托–泰安新泰集合信托 | 应收账款 | 8.5% | 100万 | 24月 | 6000元 | 在售 |
| 2 | GY托信-青州项目 **单击** | 债权 | 9% | 100万 | 24月 | 6000元 | 在售 |
| 3 | 国企信托-山东兖州集合信托 | 项目建设 | 7.6%~7.8% | 100万 | 24月 | 5000元 | 在售 |
| 4 | HX信托-西安省会政信 | 特定债权 | 7.0%~7.6% | 100万 | 12月 | -元 | 在售 |
| 5 | GD信托 TOT2号集合信托 | 信托贷款 | 7.9%~8.2% | 100万 | 12月 | -元 | 在售 |
| 6 | GD信托-郑州财产权信托 | 信托贷款 | 8.3%~8.6% | 300万 | 24月 | -元 | 在售 |
| 7 | BH信托·2020苏盈2号项目 | 信托贷款 | 8% | 100万 | 24月 | 3000元 | 在售 |
| 8 | GD信托-寿光市级政信项目 | 信托贷款 | 8.0%~8.2% | 100万 | 24月 | 5000元 | 在售 |
| 9 | GD信托-122号集合资金信托 | 信托贷款 | 7.7%~8% | 100万 | 24月 | 6000元 | 在售 |
| 10 | GY信托-成都市主城区政信项 | 信托贷款 | 8.4%~8.8% | 100万 | 24月 | 5000元 | 停售 |

**图 7-3　查看信托产品**

在紧接着的页面，我们看到产品名称为"GY托信－青州项目"的产品详情，产品发行机构为国元信托，产品期限为24个月，产品起投金额为100万元，投资方向是应收债权，最重要的是返现6 000元，每年支付利息，具体如图7-4所示。

| 产品基本信息 | | | |
|---|---|---|---|
| 产品全称 | **GY托信-青州项目** | | |
| 发行机构 | 国元信托 | 产品状态 | 在售 |
| 项目所在地 | 山东 青州 | 产品期限 | 24月 |
| 发行时间 | -- | 产品类型 | 信托产品 |
| 投资起点 | 100万 | 投资方向 | 应收债权 |
| 发行规模 | 1亿 | 付息方式 | 按年付息 |
| 返现 | 6000元 | | |

**图 7-4　产品信息 1**

当然在产品信息中，我们还应该关注产品的项目进度（如正在打款中）、资金的用途、收益说明及风险控制，其中最重要的就是产品的风控，该产品主要有两点风控需注意，具体如图7-5所示。

| 项目进度 | 【2020-5-20更新】产品打款中 |
|---|---|
| 资金运用 | 用于受让青州瑞通持有的债务方为宏利水务的账面价值不超过1.3亿元的债权。 |
| 产品预约 | 点击预约 |
| 收益说明 | 税益收后：100万，9% |
| 风险控制 | （1）青州市宏源公有资产经营有限公司（以下简称"青州宏源"）为宏利水务按约定清偿债务提供连带责任保证担保，青州宏为AA；<br>(2) 青州市城市建设投资开发有限公司（以下简称"青州城投"）为宏利水务按约定清偿债务提供连带责任保证担保，青州城投AA。 |

**图 7-5　产品信息 2**

此外，对于该产品的还款来源及产品特色我们应该有基本的了解，如图 7-6 所示，该产品的还款来源主要分为融资方经营收入和担保方经营收入，对于该项目的亮点，可以从五大方面去理解，分别是融资主体、债务清偿方、担保方 1、担保方 2 和市排名，具体如图 7-6 所示。

| 还款来源 | 1.融资方经营收入<br>2.担保方经营收入 |
| --- | --- |
| 产品说明 | 【项目亮点】<br>1.【融资主体】青州市瑞通投资发展有限公司2018年末总资产95.32亿，资产负债率49.84%，资产发债率49.84%，公司流比均为3.16%，证明公司短期偿债能力极强。<br>2.【债务清偿方】宏利水务，截至2019年6月末，资产总额208.32亿元，资产负债率60.38%。公司是青州市重要的城市基设主体之一，主要承担青州市水库及供水业务所需的工程、管网建设，在财政补助和资源配置方面得到了较强的政府支持<br>3.【担保方1】青州宏源，国有独资企业，青州宏源资产总额198.4亿，资产负债率仅30.6%，2018年实现营业收入10.9亿功发行28亿企业债券，债券评级AA+，公开债到期日晚于本次信托融资期日，整体偿债能力较强。<br>4.【担保方2】青州城投2019年6月年总资产231.2亿，资产负债率44.5%，2018年实现营业收入16.4亿元，2017年成功发年期企业债，主体评级AA，公开债到期日晚于本次信托融资期日。青州城投代表市政府实施城建项目、土地储备和开发政财力做支持，履约能力强。<br>5，青州市2018年百强排名第57名，GDP为704.1亿元，地方综合财力为99.4亿元，财政自给率长期保持在90%以上，债65.3%，负债率仅为9.2%，经济增速稳定，财政状况良好 |

**图 7-6 产品信息 3**

在选择信托产品时，六大误区要注意，具体介绍如下：

◆ 拒绝中长期产品

因为起购金额较大，投资者往往会偏向短期投资，导致中长期的产品购买较少，但如果遇到连续降息，短期投资相对不是那么划算。

◆ 只选高收益产品

虽然现在大多信托产品是固定收益类，伴随经济转型，利率下行，承担融资功能的信托产品也将面临中长期收益下滑的风险。

◆ 银行承担产品风险

如果认为通过银行渠道购买信托产品，银行将保证我们的收益和资金安全，并承担风险责任，这样的认识是错误的，一般风险都是由投资者自身承担。

◆ 只选政信产品

一般投资者都认为政府类的信托产品风险更低，这种认识导致很多投资者投资于该类产品。不要认为有地方政府背景的企业的项目就是无风险的，要从地区具体情况出发，进行多方面考虑。

◆ 与股票挂钩类收益高

伴随二级市场的火爆，挂钩权益类的信托产品炙手可热。如股票质押、伞形信托以及阳光私募等均受到了追捧。但高收益意味着高风险，如果没有一定的投资经验及风险承受能力，投资该类要慎重。

◆ 绕开房地产信托

由于对房地产趋势及政策的判断不明确，缺乏一定的投资经验，一些投资者容易对房地产相关的一些信托投资项目避而不谈，这样容易错过一些合适的产品。

告别经济高速增长的时代，对投资者而言，有必要改变一些过时的信托产品投资思路，找到适合自己的投资模式。

## 7.1.5 信托收益算一算

信托产品收益的计算时间一般是从计划成立日就开始算起，在购买支付本金那天到产品成立日之间是要计算相关利息的，一般按照人民银行规定的同期活期利率计算。在第一次分配收益时，一起支付。

在信托产品持有期内，一般在一年度结束，在扣除相关费用后，当期的收益会直接分配给投资者。当信托合同终止时，在扣除相关费用后，还未分配的收益和信托本金一般按照约定分配给投资者。

一般信托收益的计算采用公式：投资收益＝投资金额 × 年化收益率 × 投资期限，其中，投资金额就是投入的本金，一定要注意产品的投入门槛，一般要大于或等于产品门槛；年化收益率一般是指产品的预期年化收益率，即购买的信托产品有可能达到的收益率；产品的投资期限指从产品购买到产品终止的时间。

如张先生购买了某信托产品，投资期限是两年，预期年化收益率为 10%，起投金额 100 万元，则到期后，张先生可得的预期收益为：1 000 000×10%×2=200 000（元），即预期收益就为 20 万元。

需要注意，这里计算的收益是预期收益，不等于实际收益，实际收益受多种因素的影响，会在预期收益率的上下波动，具体以实际支付为准。

一般信托收益的分配标准和分配方案由信托公司根据《信托合同》的约定进行核算和制定，保管人有权进行复核。

一般信托收益的支付需要经历一定的过程，具体如图 7-7 所示。

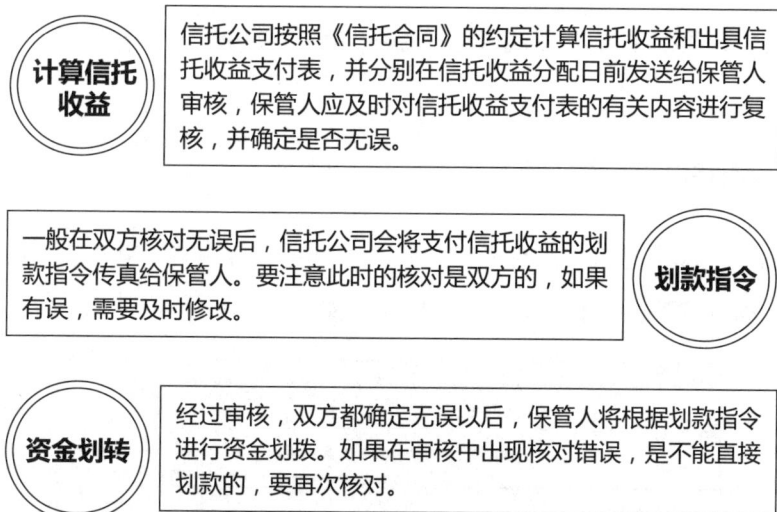

计算信托收益　信托公司按照《信托合同》的约定计算信托收益和出具信托收益支付表，并分别在信托收益分配日前发送给保管人审核，保管人应及时对信托收益支付表的有关内容进行复核，并确定是否无误。

一般在双方核对无误后，信托公司会将支付信托收益的划款指令传真给保管人。要注意此时的核对是双方的，如果有误，需要及时修改。　划款指令

资金划转　经过审核，双方都确定无误以后，保管人将根据划款指令进行资金划拨。如果在审核中出现核对错误，是不能直接划款的，要再次核对。

图 7-7　收益支付过程

当信托计划终止的事由出现时，信托公司应按《信托合同》的规定将相关信托财产变现，并在一定期限内向保管人出具清算报告。而保管人在

收到信托公司出具的清算报告后，需要就保管的相关内容进行审核并出具书面意见。

核对无误后，信托公司在收到保管人出具的书面确认后，发送清算划款指令，保管人核对无误后进行资金划拨，并将划款情况以书面形式告知。

## 7.2 工商银行的信托投资小案例

如果我们直接参与信托投资，从风险和起购金额上看都较大，但如果通过购买银行的理财产品，参与信托类的投资，在获得相对高收益的同时，风险相对较低。下面我们同样以工商银行的相关产品进行介绍。

### 7.2.1 ZL180D02 产品概况

对于产品信息，我们可以在产品说明书中进行相关了解，打开产品说明书，首先我们会看到产品的基本概述，如图 7-8 所示。

| 产品代码 | ZL180D02 |
|---|---|
| 理财信息登记系统登记编码 | C1010213002000。个人客户可依据本产品的登记编码在"中国理财网（www.chinawealth.com.cn）"查询产品信息；法人等其他类型客户可于本理财产品发行结束5个工作日后，向工商银行客户经理获取理财产品的登记编码，并依据该登记编码在"中国理财网（www.chinawealth.com.cn）"查询产品信息。 |
| 产品风险评级 | PR3（本产品的风险评级仅是工商银行内部测评结果，仅供客户参考） |
| 销售对象 | 个人高净值客户 |
| 目标客户 | 经工商银行客户风险承受能力评估为平衡型、成长型、进取型的有投资经验的客户 |
| 期限 | 开放式无固定期限产品（持有份额封闭180天后可赎回） |
| 投资及收益币种 | 人民币 |
| 产品类型 | 非保本浮动收益类 |

图 7-8 产品概述

在上图中，我们可以看到产品代码、风险评级、产品期限、产品类型等，我们可以看出该产品的期限为不固定，并且风险中等，一般适合平衡型、成长型以及进取型的有投资经验的客户购买。

除了如上的要素，对产品的申购、赎回、费用、工作日和预期年化收益率等的说明，也应仔细阅读，后面将详细说明。

当产品概述了解完毕后，接下来我们需要对于资金的去向有一个大致了解，该产品主要用于四大类资产的投资，具体如表 7-3 所示。

表 7-3　投资种类

| 投资项目 | 投资细分 | 投资比列 |
| --- | --- | --- |
| 高流动性资产 | 债券及债券基金 | 0% ~ 80% |
| | 货币市场基金 | |
| | 同业存款 | |
| | 质押式及买断式回购 | |
| 债权类资产 | 债权类信托 | 0% ~ 80% |
| | 交易所委托债权投资 | |
| 权益类资产 | 股票收益权类信托 | 0% ~ 80%，其中股票型证券投资不超过 60% |
| | 股权类信托 | |
| | 新股及可转债申购信托（含网上及网下） | |
| | 结构化证券投资信托计划优先份额 | |
| | 股票型证券投资 | |
| 其他资产或资产组合 | 证券公司及其资产管理公司资产管理计划 | 0% ~ 80% |
| | 基金公司资产管理计划 | |
| | 保险资产管理公司投资计划 | |

上述投资比例并不是一成不变的，一般如果市场变化导致各类投资品

投资比例暂时超出以上范围，银行将在 10 个工作日内调整至上述比例范围。通过以上介绍我们可以知道该产品的资金除了用于一些固定收益类投资，还有一部分资金是用于信托或者信托计划投资。

而对于产品的投资管理人，我们也应该有基本的了解，从图 7-9 可以得到，该产品的投资管理人为工商银行，本产品所投资的信托计划、资产管理计划等受托人、管理人都是经过相关流程选定，符合准入标准。

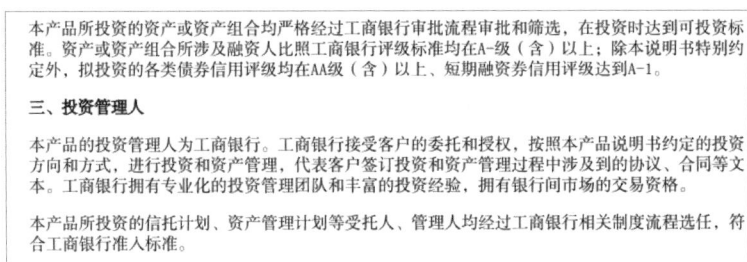

> 本产品所投资的资产或资产组合均严格经过工商银行审批流程审批和筛选，在投资时达到可投资标准。资产或资产组合所涉及融资人比照工商银行评级标准均在A-级（含）以上；除本说明书特别约定外，拟投资的各类债券信用评级均在AA级（含）以上、短期融资券信用评级达到A-1。
>
> **三、投资管理人**
>
> 本产品的投资管理人为工商银行。工商银行接受客户的委托和授权，按照本产品说明书约定的投资方向和方式，进行投资和资产管理，代表客户签订投资和资产管理过程中涉及到的协议、合同等文本。工商银行拥有专业化的投资管理团队和丰富的投资经验，拥有银行间市场的交易资格。
>
> 本产品所投资的信托计划、资产管理计划等受托人、管理人均经过工商银行相关制度流程选任，符合工商银行准入标准。

图 7-9　投资管理人

当我们对产品有基本的了解后，接下来我们来看一看产品的收益、风险、申购与赎回及费用。

## 7.2.2　ZL180D02 产品收益

对于产品的收益，我们同样可以用到期赎回、延期赎回、分期购买和最不利情况来计算。

在计算之前，我们要明白一个原则，一般都是按照份额和实际持有天数进行赎回，并且遵循"先进先出"原则，即最早的申购份额，最先赎回，如预期收益率分段调整，封闭期内的份额以购买确认日的预期年化收益率计算，非封闭期内的份额按适用的预期年化收益率分段计算。

◆　到期赎回

李先生购买了 50 万元该产品，购买期限为 180 天，产品到期后，全部赎回，在扣除托管费、手续费等，产品收益率为 3.51%，那么他可获得的收益为：500 000×3.51%×180÷365=8 654.79（元）。

◆　延期赎回

张先生同样购买了 50 万元该产品，购买期限为 180 天，产品收益率为 3.51%，产品到期后，又继续持有了 30 天才全部赎回，其中在 180 天到期后一天，产品的收益率调整为 4.21%，在扣除托管费、手续费等，那么他可获得的收益为：500 000×3.51%×180÷365+500 000×4.21%×30÷365=10 384.93（元）。

◆　分期购买

唐先生同样购买了 50 万元该产品，购买期限为 180 天，产品收益率为 3.51%，在持有该产品 3 天后，他又继续购买了该产品 50 万元，于 210 天后赎回 50 万元，则按"先进先出"的赎回原则，赎回份额中 50 万份存续天数为 210 天，另外 50 万份存续天数为 207 天。

客户收益为：500 000×3.51%×210÷365+500 000×3.51%×207÷365=20 050.27（元）。

◆　最不利情况

该产品不保障本金和收益，由于市场等多种因素的影响，产品到期的收益可能不仅不会带来收益，还可能使投资者丧失一部分本金，此时管理人将以产品实际净值向客户进行分配。但在此种情形下，理财产品保留向发生信用风险的投资品发行主体进行追偿的法定权利，若这些权利在未来得以实现，在扣除相关费用后，将继续向客户进行清偿。

### 7.2.3 ZL180D02 产品风险

对于产品的风险，首先是产品的本金和收益风险，一般在产品说明书的首页就会进行揭示，具体如图 7-10 所示。工商银行对该理财产品的本金和收益不提供保证承诺。本理财产品的总体风险适中，产品收益随投资表现变动，在最不利的情况下，客户将损失本金和收益。

| 重要提示 | 工商银行对本理财产品的本金和收益不提供保证承诺。<br>本理财产品的总体风险程度适中，工商银行不承诺本金保障，产品收益随投资表现变动。理财产品的投资方向主要为风险和收益较为适中的投资品市场，或虽然部分投资于较高风险较高收益的投资品市场，但通过合理资产配置及其他技术手段使产品的整体风险保持在适中水平，宏观政策和市场相关法律法规变化、投资市场波动等风险因素对本金及收益会产生一定影响。<br>在发生最不利情况下（可能但并不一定发生），客户可能无法取得收益，并可能面临损失本金的风险。请认真阅读理财产品说明书第七部分风险揭示内容，基于自身的独立判断进行投资决策 |
|---|---|

图 7-10　本金和收益风险

当然除了本金和收益风险，该产品还具有政策风险、信用风险、市场风险、流动性风险、产品不成立风险和提前终止风险等风险，在产品说明书的风险提示条款中都会列示，投资者要仔细阅读。

在风险揭示中我们将看到相关的政策风险，如本产品在实际运作过程中，如果国家的宏观政策和相关法律法规发生变化，将给产品的运作、收益及兑付等带来一定的风险，具体如图 7-11 所示。

**八、风险揭示**

本产品类型是"非保本浮动收益理财计划"，根据法律法规及监管要求的有关规定，特向您提示如下：与银行存款比较，本产品存在投资风险，您的本金和收益可能会因市场变动等原因而蒙受损失，您应充分认识投资风险，谨慎投资。本期理财产品可能面临的风险主要包括：

（一）政策风险：本产品在实际运作过程中，如遇到国家宏观政策和相关法律法规发生变化，影响本产品的发行、投资和兑付等，可能影响本产品的投资运作和收益，甚至本金损失。

图 7-11　风险揭示

对于其他风险条款的解读我们也要注意，如信用风险，特别是信托产品的信用违约，投资者的本金和收益都将受到极大的影响。而对于市场风险、流动性风险及产品不成立风险等与其他的理财产品类似。此外我们还要注意信息的传递风险，当个人的信息或者联系方式发生改变后，一定要及时通知银行，否则因此产生的风险由客户自身承担，如图 7-12 所示。

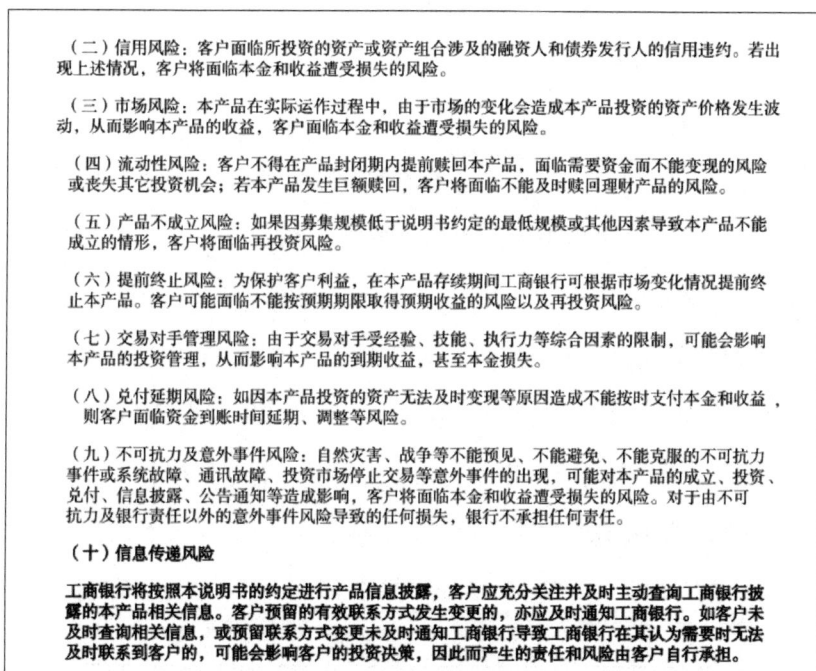

（二）信用风险：客户面临所投资的资产或资产组合涉及的融资人和债券发行人的信用违约。若出现上述情况，客户将面临本金和收益遭受损失的风险。

（三）市场风险：本产品在实际运作过程中，由于市场的变化会造成本产品投资的资产价格发生波动，从而影响本产品的收益，客户面临本金和收益遭受损失的风险。

（四）流动性风险：客户不得在产品封闭期内提前赎回本产品，面临需要资金而不能变现的风险或丧失其它投资机会；若本产品发生巨额赎回，客户将面临不能及时赎回理财产品的风险。

（五）产品不成立风险：如果因募集规模低于说明书约定的最低规模或其他因素导致本产品不能成立的情形，客户将面临再投资风险。

（六）提前终止风险：为保护客户利益，在本产品存续期间工商银行可根据市场变化情况提前终止本产品。客户可能面临不能按预期期限取得预期收益的风险以及再投资风险。

（七）交易对手管理风险：由于交易对手受经验、技能、执行力等综合因素的限制，可能会影响本产品的投资管理，从而影响本产品的到期收益，甚至本金损失。

（八）兑付延期风险：如因本产品投资的资产无法及时变现等原因造成不能按时支付本金和收益，则客户面临资金到账时间延期、调整等风险。

（九）不可抗力及意外事件风险：自然灾害、战争等不能预见、不能避免、不能克服的不可抗力事件或系统故障、通讯故障、投资市场停止交易等意外事件的出现，可能对本产品的成立、投资、兑付、信息披露、公告通知等造成影响，客户将面临本金和收益遭受损失的风险。对于由不可抗力及银行责任以外的意外事件风险导致的任何损失，银行不承担任何责任。

**（十）信息传递风险**

**工商银行将按照本说明书的约定进行产品信息披露，客户应充分关注并及时主动查询工商银行披露的本产品相关信息。客户预留的有效联系方式发生变更的，亦应及时通知工商银行。如客户未及时查询相关信息，或预留联系方式变更未及时通知工商银行导致工商银行在其认为需要时无法及时联系到客户的，可能会影响客户的投资决策，因此而产生的责任和风险由客户自行承担。**

图 7-12　风险条款

投资有风险，投资需谨慎，特别是对于信托类的理财产品，所以在购买前，做好风险测试很重要，同时也要考虑家庭的资产配置、财务规划和家庭风险承受能力等，不能只看到高收益，还要看到与此匹配的高风险。产品没有最好，适合才最重要。

一般银行会按照产品说明书的相关约定进行产品信息披露，客户应充分关注并及时主动查询工商银行披露的相关信息。

### 7.2.4 ZL180D02 产品申购与赎回

对于产品的申购和赎回,首先应明白申购的起点、申购渠道和申购确认,简单说明如下。

◆ 申购起点

该产品 50 万元起购,以 1 000 元的整数倍递增。产品追加购买最低金额为 1 000 元,以 1 000 元的整数倍追加。

◆ 申购渠道

一般募集期或开放日在网点营业时间及网上银行 24 小时都可以购买;一般自产品起始日起非开放时间可提出购买、赎回预约申请。

◆ 申购确认

一般如果投资者在 T 日购买,则在 T+1 日确认,T+1 日扣款。确认扣款日若遇非工作日则顺延至下一工作日。要注意 T 日、T+1 日均为开放日。

产品的赎回操作与申购操作大同小异,具体我们可以在产品说明书中看到,如图 7-13 所示。

| 购买、赎回方式 | 1. 募集期内网点营业时间及网上银行24小时接受购买申请;<br>2. 开放时间内接受购买、赎回申请;自产品起始日(不含当日)起非开放时间可提出购买、赎回预约申请,等同在下一开放日的开放时间内的购买、赎回申请 |
|---|---|
| 购买确认 | T日购买,T+1日确认,T+1日扣款。确认扣款日若遇非工作日顺延至下一工作日。T日、T+1日均为开放日 |
| 赎回确认 | 客户持有份额180天以上,可于T日进行赎回,T日确认,赎回份额对应的本金和收益于T+1日资金到账。到账日若遇非工作日顺延至下一工作日。T日、T+1日均为开放日 |
| 赎回规则 | 采取"先进先出"原则,即优先赎回最早的申购份额 |

**图 7-13 申购与赎回的方式及确认**

在上图中,我们可以看到赎回是具有一定的规则的,赎回采取"先进先出"原则,最早申购的份额最先赎回。

在赎回时,我们还要注意,一般银行对于巨额赎回是有一定规定的,如在单个开放日中,本产品的产品份额净赎回申请总计超过上一日产品总份额的 10%，就是巨额赎回。一般出现巨额赎回时，银行可能会不接受超出部分的赎回申请，需要投资者在下一开放日重新申请赎回。

我们要注意，一般赎回日至到账日之间客户资金不计息，如果在募集期内申购按照活期存款利率计息，且募集期内的利息不计入认购本金份额。

如果购买产品以后又后悔了，不打算持有了该怎么办呢？可不可以申请撤单呢？一般银行对于撤单都有一定规定。在图 7-14 中，我们可以看到该产品在募集期是可以撤单的，但是对产品申请的撤单时间有不同的规定，如在产品开放日交易时间内办理的购买、赎回交易仅支持在当天开放日交易时间内撤单。

| 募集期是否允许撤单 | 是 |
| --- | --- |
| 撤单时间 | 产品开放日交易时间前办理的购买、赎回交易仅支持在当天开放日交易时间内撤单。产品开放日交易时间内办理的购买、赎回交易仅支持在当天开放日交易时间内撤单。产品开放日交易时间过后和非开放日办理的购买、赎回交易申请在本产品下一开放日交易截止时间前均可撤单。如已办理指定日期提前预约赎回操作，在该笔赎回执行日当天交易截止时间前均可撤单。 |
| 提前终止 | 遇法律法规、监管规定出现重大变更，或为保护客户利益，工商银行可根据市场变化情况提前终止本产品。除本说明书另有约定外，客户不得提前终止本产品。当产品存量低于5 000万元时，工商银行有权终止该产品，并至少于终止日前3个工作日进行信息披露。终止日后3个工作日内将客户理财资金划入客户指定资金账户。终止日至资金实际到账日之间，客户资金不计息。 |

**图 7-14　产品撤单规则**

除了撤单，一般我们会问产品能不能提前赎回呢？一般除说明书另有约定，客户是不得提前赎回的，但是银行在一定的情况下，可以提前终止该产品。如当产品存量低于 5 000 万元时，一般会在终止日后的 3 个工作日内将客户理财资金划入客户指定资金账户，且终止日至资金实际到账日之间，客户资金是不计算利息的。

此外，我们获得的银行理财产品的收益是需要缴纳一定税款的，该产品的投资收益应纳税款由客户自行申报及缴纳。

购买银行理财产品也是需要缴纳一定费用的，常见的如销售手续费、

托管费和管理费用等，其中该产品的销售手续费按照 0.4% 来计算，托管费
按照 0.03% 来计算，都是相对购买本金而言。产品的管理费的计费方法为：
在扣除银行销售手续费、托管费等费用后，已经实现了预期收益的最高收益，
超额的剩余收益将作为产品的投资管理费，如图 7-15 所示。

| 理财资产托管人 | 工商银行浙江分行 |
|---|---|
| 销售手续费率（年） | 0.4% |
| 托管费率（年） | 0.03% |
| 管理费用 | 该产品在扣除工商银行销售手续费、托管费等费用，并实现客户预期最高收益后仍有剩余收益时，剩余收益部分作为产品投资管理费。 |

图 7-15　产品费用

**理财贴士** *信托产品分类*

　　信托产品根据不同的分类标准有很多种分类方法。根据资金来源划分，
一般可分为单一资金信托和集合信托；现在市场常见的信托产品一般是根
据产品的投资方向来划分，如基础设施类信托、房地产信托、工商企业类
信托、证券投资类信托、银信合作类信托、消费金融类信托、家族信托和
公益信托等。

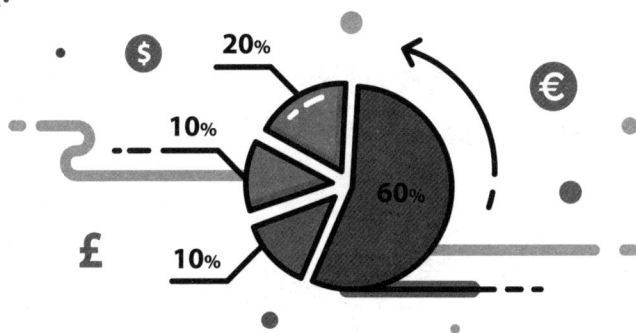

银行理财

# 第 8 章

## 全权资产委托专属化

如今无论是对于银行还是理财经理，我们的要求都在不断提高，投资者们都想获得最高级别的定制化、私人化的服务，于是一种全新的理财产品诞生了——全权资产委托。本章我们将详细介绍全权资产委托业务。

## 8.1
# 全权资产委托产品并不难

全权资产委托是什么？与其他的理财产品相比有哪些优势？发展前景如何？本节将围绕这些问题逐步展开。

### 8.1.1 怎么理解全权资产委托

全权资产委托简单说就是客户将自己的一笔闲置资金委托给私人银行，由私人银行来决定这笔资金的走向及运作，私人银行全权打理该笔资产，这要求银行具有一定的资产管理能力。

全权资产委托模式比较受到高净值客户的认可，随着客户财富管理观念的不断提高，私人银行业务的不断创新，越来越多的高净值客户会选择该类产品，将资金交由专人打理。

目前工商银行、农业银行、招商银行、浦发银行、中信银行、民生银行及光大银行等都陆续开办了全权资产委托业务。虽然各家银行的管理模式存在一定的差别，但是自诞生以来，受到了高净值客户的一致认可，尤其是沿海城市的客户，因为理财观念、家庭配置和财务规划等因素，很快就接受了这类个性化的定制服务。

对于全权资产委托业务一般我们还可以从资产类别、策略投资、全球配置、全新模式和投资团队等方面去了解：

◆　资产类别

一般该类理财产品在配置资产时，除了传统的固定类资产，一般还包括权益类、股权类以及其他资产类组合等多类别资产。

◆　策略投资

一般在资产的配置上，实行多种策略，对风险进行严控，降低风险的同时提高资金的使用效率。

◆　全球配置

一般对于该产品的资产配置，不仅配置于国内市场，同时也通过 QDII（Qualified Domestic Institutional Investor 的首字母缩写）、港股通等参与境外投资。

◆　全新模式

一般银行都会采用比较先进的管理模式，如 MOM 模式，即 Manager of Manager 模式。可以理解为银行就是一个理财经理，在客户的委托下将客户的资产配置到不同的理财产品中。

◆　投资团队

一般银行都会配备专业的投资团队，团队成员都是来自国内外顶级资产管理机构的一些具有丰富投资经验的人员。

## 8.1.2　全权资产委托的购买优势

我们为什么要选择全权资产委托产品呢？它的购买优势一般可以从如下几方面去理解：

◆　个性化定制

以前我们购买银行的理财产品都是被动选择，都是在一篮子的银行理财产品中去选择适合自己的产品，而全权委托资产一般是一对一先了解客户的投资需求、风险承受能力以及投资期限等后，再制定个性化的投资策略，然后进行资产配置。

◆ 提高投资效率

一般我们购买银行理财产品后，我们需要选择到期赎回或者自动再投资，甚至会形成投资的空窗期，从而影响投资收益。而通过全权资产委托服务，可以减少资金闲置的时间，提高资金利用率，省事省心又省力。

◆ 提高收益

一般全权资产委托理财产品都以实现超额业绩为目标，将收益从预期收益向净值收益转变，如产品的实际投资业绩超过了基准的收益，那么超过的部分将由投资者和银行共同分配，实现资产管理人、投资运作人和客户的利益一致，有利于在约定的投资策略下，客户获得最大的回报。

◆ 降低风险

一般的理财产品都是客户自主选择，购买常常出现随机、分散的特点，容易导致风险集中在某一类产品上。而全权资产委托产品投资方向比较丰富，是银行对各大资产的精心配置，综合考虑了投资资产的期限、风险及流动性等，是一个有效的资产组合，在一定程度上降低了投资风险。

那么，银行为什么会推出全权资产委托产品呢？全权资产委托产品是否值得信赖呢？银行一般是从如下几方面考虑的。

◆ 提升资产管理能力

一般私人银行客户对于推出的全权资产委托产品有相当严苛的要求，随着开放式、净值式产品的不断推出，要求银行在运作团队、产品设计、资产投资、风控以及投资信息披露等方面不断提高，快速提升自身的资产管理能力。

◆ 帮助客户建立正确的收益预期

以前银行的大多理财产品都是实行刚性兑付，即到期即使产品亏本，银行也会按照预期的收益兑付本金和收益。从短期来看，客户可能获得高额回报，但是长期来看并不是有利的，它和客户的实际收益是不匹配的。

而全权资产委托产品是在明确客户的需求、风险承受能力以及投资目标的基础上，代客户理财，亏本和盈利都是客户自身承担，能够更真实地反映客户的风险承受能力与风险偏好，从而树立正确的收益预期观。

◆ 实现与客户的长期合作

现在有很多理财产品都是短期或者中长期的，客户自主选择购买，客户和银行是以中间的理财产品作为纽带，一般到期赎回就结束了这种合作关系。而全权资产委托服务是银行和客户的长期合作，在合作过程中更会和客户进行反复、深刻且全面的接触与商讨，建立的是一种长期的合作关系，在某种程度上来说，可以提高客户的忠诚度。

一般全权资产委托产品是否优于普通理财产品或产品组合，取决于能否为客户创造长期、稳定和符合预期的投资回报。

## 8.2
# 工商银行全权资产委托产品的购买实战

与其他的银行理财产品不同，全权资产委托产品属于高端定制系列，那么它的产品概述、投资去向、申购与赎回以及风险与其他的产品又有何不同呢？

## 8.2.1 PBZP20FL 产品概述

对于产品的基本信息，我们可以在产品说明书中看到，如图 8-1 所示，该产品名称为"中国工商银行私人银行专属全权委托资产管理人民币理财产品 2020 年第 3 期"，产品编号为"PBZP20FL"，产品风险评级为 PR3，该产品适合平衡型、成长型以及进取型的有投资经验的客户购买。

一、产品概述

| 名称 | 中国工商银行私人银行专属全权委托资产管理人民币理财产品2020年第3期 |
| --- | --- |
| | 编号：PBZP20FL |
| 理财信息登记系统登记编码 | C1010220000888 客户可依据本产品的登记编码在"中国理财网（www.chinawealth.com.cn）"查询产品信息。 |
| 产品风险评级 | PR3（本产品的风险评级仅是工商银行内部测评结果，仅供客户参考） |
| 销售对象 | 私人银行客户 |
| 募集方式 | 公募 |
| 销售范围 | 全国 |
| 目标客户 | 经工商银行客户风险承受能力评估为平衡型、成长型、进取型的有投资经验的客户。 |

**图 8-1 产品要素 1**

除以上信息外，我们还应对产品类型、运作方式、产品成立及产品期限等有基本了解，如图 8-2 所示，该产品属于非保本浮动收益的开放式净值理财产品，产品的募集期共计 4 天，产品无固定期限，但 160 天为一个周期，产品成立日期一般在募集期的第二天，但是银行可能根据市场变动提前或者延后成立，且如果募集的金额低于 2 000 万元，该产品可能存在不成立的情况，此时银行会将客户购买本金及同期存款利息在起始日后两个工作日内划转至客户账户。

而对于产品的申购 / 赎回、费用管理、产品管理人、分红和提前终止等信息一般也会在产品要素中逐条说明，投资者应仔细阅读，后面我们将详细说明。

| 产品类型 | 非保本浮动收益型 |
| --- | --- |
| 投资及收益币种 | 人民币 |
| 产品运作方式 | 开放净值型 |
| 计划发行规模 | 100亿元（工商银行有权根据实际需要对产品规模进行调整，产品最终规模以实际募集的资金数额为准） |
| 募集期 | 2020年5月18日~2020年5月21日，根据市场情况，工商银行有权提前结束认购并相应调整相关日期。 |
| 预计成立日 | 2020年5月22日，为保护客户利益，工商银行可根据市场变化情况结束募集并提前成立，或延长募集期，产品提前成立或延长募集期时工商银行将调整相关日期并进行信息披露。产品最终规模以实际募集规模为准。如产品募集规模低于2 000万元，则工商银行可宣布本产品不成立，并在募集期结束后第二个工作日进行公告，客户购买本金及同期存款利息将在起始日后两个工作日内划转至客户账户，起始日至到账日期间客户资金不计息 |
| 工作日 | 上海证券交易所、深圳证券交易所交易日 |
| 最低持有期 | 160天 |

**图 8-2　产品要素 2**

工作日一般是指上海证券交易所和深圳证券交易所的交易日，而产品开放日的办理时间一般为相应开放日的 9:30 至 16:30。

## 8.2.2　PBZP20FL 投资去向

PBZP20FL 产品主要以固定收益投资为主，同时在权益市场良好时，会选择配置相应的权益类资产、债权类资产以及其他组合类资产。权益类资产主要包括结构化证券投资信托计划优先份额、股票型证券投资基金和股票型证券投资信托计划等；债权资产主要包括债权类信托（基金）、交易所委托债权投资和委托贷款等；其他资产或资产组合主要包括证券公司及其资产管理公司资产管理计划、基金公司资产管理计划、QDII 基金、专户、信托、集合计划以及 QDLP 产品等与本说明书约定的投资对象，丰富投资品种，分散组合风险，提高收益。而具体投资比例如表 8-1 所示。

表 8-1　投资去向

| 资产类别 | 资产种类 | 投资比例 |
|---|---|---|
| 高流动性资产 | 债券及债券基金 | 0 ～ 90% |
| | 货币市场基金 | |
| | 同业存款 | |
| | 质押式和买断式债券回购 | |
| | 债券借贷类 | |
| | 融资融通类 | |
| | 法律法规允许或监管部门批准的其他具备高流动特征的信托计划、资产及资产组合等 | |
| 债权类资产 | 债权类信托（基金） | 0 ～ 90% |
| | 股票收益权类信托（基金） | |
| | 带回购条款的股权类信托（基金） | |
| | 交易所委托债权投资 | |
| | 交易所融资租赁收益权 | |
| | 交易所委托票据投资 | |
| | 委托贷款 | |
| | 法律法规允许或监管部门批准的其他具备固定收益特征的信托计划、资产及资产组合等 | |
| 权益类资产 | 结构化证券投资信托计划优先份额 | 0 ～ 30% |
| | 新股及可分离债申购、可转换债申购、定向增发 | |

续表

| 资产类别 | 资产种类 | 投资比例 |
|---|---|---|
| 权益类资产 | 股票型证券投资基金 | 0 ~ 30% |
| | 股票型证券投资信托计划等 | |
| | 法律法规允许或监管部门批准的其他具备权益特征的信托计划、资产及资产组合等 | |
| 其他资产或资产组合 | 证券公司集合资产管理计划或定向资产管理计划 | 0 ~ 30% |
| | 基金管理公司特定客户资产管理计划 | |
| | 保险资产管理公司投资计划等 | |
| | QDII 基金、专户、信托、集合计划以及 QDLP 产品等 | |
| | 另类资产 | |

对于如上的投资品种，要注意一般债券及其他有公开评级的金融工具，其债项评级都应在 AA 以上（含 AA）。而债权类信托、交易所委托债权投资和股票收益权信托等债权类同样需要达到一定的投资标准，所涉及的信贷资产五级分类均为正常类，信托计划、资产或资产组合比照银行评级标准均在 A- 级（含）以上。

## 8.2.3 PBZP20FL 产品申购及赎回

对于产品的申购一般可以从申购时间、申购份额、申购费率等方面去理解，简单说明如下。

◆　申购时间

对于该类产品，客户可在每个开放日 9:30 至 16:30 提交申购申请。而募集期内一般不能申购，同时当管理人认为申购将对客户的投资收益带来影响时，会停止申购并进行信息披露。此外，当因其他不可抗力因素导致产品不能申购时，管理人一般也会停止申购。

◆ 申购份额

该产品一般是按照相应的份额进行申购的，申购份额 = 申购金额 ÷ 申购开放日理财产品单位净值，而申购的份额一般保留至 0.01 份理财产品，即小数点后两位。

◆ 申购费率

该产品不收取相应的申购费，但要收取其他的手续费，如托管费、管理费等，具体见产品说明书。

而对于产品的赎回，一般可以从赎回时间和赎回份额来理解，简单说明如下。

◆ 赎回时间

与申购期间相似，一般客户可在每个开放日 9:30 至 16:30 办理赎回业务。

◆ 赎回份额

该产品在赎回时需要根据赎回的份额和单位净值计算赎回金额，一般采用公式：赎回金额 = 赎回理财产品份额 × （1 - 赎回费率）× 单位净值，其中赎回的金额保留至小数点后两位。一般产品赎回费用的计算公式为：产品赎回费用 = 赎回理财产品份额 × 赎回费率 × 单位净值，而该产品的赎回费率为 0%，因此无需要计算相应的赎回费用。

如果客户的赎回份额申请超过上一开放日总份额的 10%，银行一般会认定发生了巨额赎回。此时银行可能会给客户进行全额赎回或者部分赎回，全额赎回程序很简单，一般按照正常的赎回程序进行即可。

而部分赎回相对复杂，当银行认为该产品全部赎回可能会对产品的收益或者产品的净值带来极大的影响时，一般会按照约定的比例赎回一部分，而剩余未赎回的部分将自动转入下一个开放日继续赎回，直到全部赎回为止。一般这种延期赎回申请与下一开放日赎回申请处理程序都一样，无优先权，赎回的金额同样以单位净值计算。

一般若连续两个开放日均出现巨额赎回或因不可抗力因素等导致该理财产品无法正常运作，理财计划管理人有权暂停赎回。

一般产品在持有期间，客户不能提前赎回，但是银行在一定的条件下可以提前终止，导致客户不能再持有该产品，具体如图 8-3 所示。

九、提前终止

（一）客户同意在出现下列情形之一时，工商银行可单方面提前终止理财产品：

1. 理财产品份额低于5000万份；

2. 产品说明书列明的提前终止情形出现或提前终止条件成立；

3. 因不可抗力原因导致理财产品无法继续运作；

4. 遇有市场剧烈波动、异常风险事件等情形导致理财产品出现大幅波动或严重影响理财产品的资产安全；

5. 因投资者赎回导致理财产品剩余资产无法满足相关法律法规规定、所投资市场要求或协议等相关法律文件约定，或者继续存续无法实现投资目标；

6. 因相关投资管理机构解散、破产、撤销、被取消业务资格等原因无法继续履行相应职责导致产品无法继续运作；

7. 相关投资管理机构或运用理财资金的第三方主体实施符合法律法规规定或协议等相关法律文件约定的行为导致理财产品被动提前终止；

8. 因法律法规变化或国家金融政策调整、紧急措施出台影响产品继续正常运作；

9. 法律法规规定或监管部门认定的其他情形

**图 8-3　提前终止条件**

如果产品发生了提前终止，一般按照持有的产品份额和单位净值来计算赎回金额，同样无赎回费。

## 8.2.4　PBZP20FL 产品风险及费用

PBZP20FL 产品一般存在市场风险、流动性风险、信用风险、管理风险、提前终止风险、不可抗力及意外事件风险、最不利投资情形风险和信息传递风险八大风险，具体如图 8-4 所示。

（一）市场风险：本理财产品为非保本浮动收益型理财产品，投资的某些投资工具（如债券、股权和股票）市值会由于各种因素的影响而波动，将使本理财产品财产面临市价下跌的风险。

（二）流动性风险：客户无权随时终止该理财产品，若客户有临时资金需求，每个开放日，可通过中国工商银行私人银行服务机构赎回全部或部分理财产品。

（三）信用风险：客户面临所投资的信托计划、资产或资产组合涉及的用款人和债券发行人的信用违约。若出现上述情况，客户将面临投资本金和收益遭受损失的风险。

（四）管理风险：不排除信托计划受托人、资产管理计划管理人、相关运作机构，以及交易对手受经验、技能、判断力、执行力等因素的限制，对本理财产品及相关信托计划的运作及管理造成一定影响，使理财资金遭受损失。

（五）提前终止风险：在满足本说明书第九条约定的情形或客户依据第十六条约定，可能出现本产品提前终止的情况，客户将面临不能按预期期限取得预期收益的风险以及再投资风险。

（六）不可抗力及意外事件风险：自然灾害、金融市场危机、战争或国家政策变化等不能预见、不能避免、不能克服的不可抗力事件或银行系统故障、通讯故障、投资市场停止交易等意外事件的出现，可能对理财产品的成立、投资运作、资金返还、信息披露、公告通知造成影响，甚至可能导致理财产品收益降低乃至本金损失。对于由不可抗力及意外事件风险导致的任何损失，客户须自行承担，工商银行对此不承担任何责任。

（七）最不利的投资情形：理财产品的收益偏低或造成损失，产生上述可能结果的原因主要包括：一是投资的资产或资产组合受市场价格波动影响而产生市场风险；二是股权投资基金等股权类信托计划在到期后不能有效变现处置；三是投资结构化证券投资优先级信托产生损；四是投资的资产或资产组合涉及的融资人和债券发行人因违约造成的风险。

（八）信息传递风险：工商银行将按照本说明书的约定进行产品信息披露，客户应充分关注并及时主动查询工商银行披露的本产品相关信息。客户预留的有效联系方式发生变更的，亦应及时通知工商银行。如客户未及时查询相关信息，或预留联系方式变更未及时通知工商银行导致工商银行在其认为需要时无法及时联系到客户的，可能会影响客户的投资决策，因此产生的责任和风险由客户自行承担。

**图 8-4　八大风险**

其中，市场风险主要体现在因市场变化导致的市价下跌风险；流动性风险主要表现在对于客户有资金需求时，无法及时赎回，一般该类产品的持有时间都较长；信用风险主要体现在产品发行人的信用违约；管理风险主要体现在资产的管理人因管理运作不当造成投资收益或本金损失；提前终止风险主要体现在投资者因银行提前终止了该产品，不能获得按期的收益或者再投资的收益；因自然灾害、金融市场危机、战争或国家政策变化等不能预见、不能避免、不能克服的不可抗力事件导致的本金或者收益的损失，就是不可抗力及意外事件风险；最不利的投资情形简单说就是产品的最终收益偏低或者本金发生亏损；信息传递风险简单说就是因投资者个人原因，导致信息无法传递或者传递不及时，最终影响了投资决策，从而带来的损失由投资者个人承担。

除了如上八大风险外，一般还需要注意本金与收益风险，一般会在风险揭示书里进行揭示，如图 8-5 所示。对于该产品银行是不提供本金和收益保障的，该产品的总体风险适中，在最不利的情况下，客户可能无法获得相应的投资收益，并且面临本金损失的风险。

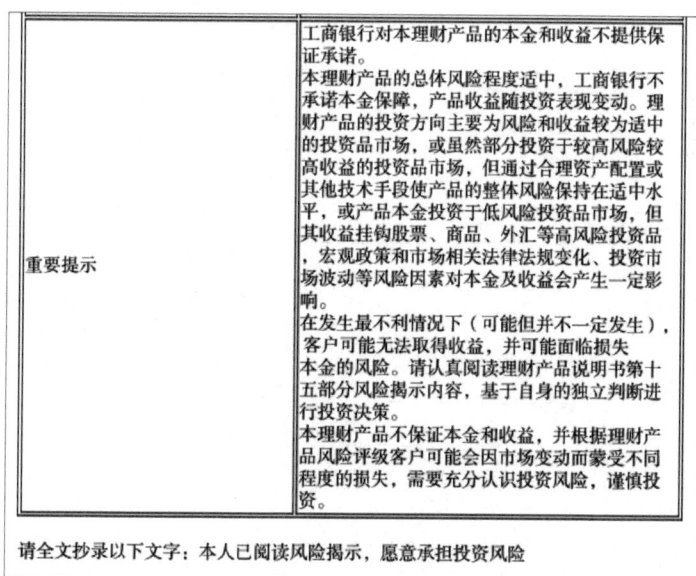

| 重要提示 | 工商银行对本理财产品的本金和收益不提供保证承诺。<br>本理财产品的总体风险程度适中，工商银行不承诺本金保障，产品收益随投资表现变动。理财产品的投资方向主要为风险和收益较为适中的投资品市场，或虽然部分投资于较高风险较高收益的投资品市场，但通过合理资产配置或其他技术手段使产品的整体风险保持在适中水平，或产品本金投资于低风险投资品市场，但其收益挂钩股票、商品、外汇等高风险投资品，宏观政策和市场相关法律法规变化、投资市场波动等风险因素对本金及收益会产生一定影响。<br>在发生最不利情况下（可能但并不一定发生），客户可能无法取得收益，并可能面临损失本金的风险。请认真阅读理财产品说明书第十五部分风险揭示内容，基于自身的独立判断进行投资决策。<br>本理财产品不保证本金和收益，并根据理财产品风险评级客户可能会因市场变动而蒙受不同程度的损失，需要充分认识投资风险，谨慎投资。 |
| --- | --- |

请全文抄录以下文字：本人已阅读风险揭示，愿意承担投资风险

**图 8-5  本金与收益风险**

在阅读了风险提示后，如果产品的投资风险都可以接受，会要求投资者亲手抄录，如"本人已阅读风险揭示，愿意承担投资风险"。

在购买产品时，是需要支付一定费用的，一般包括产品托管费、销售手续费、管理费、申购及赎回费，而对于该产品的费用管理，如图 8-6 所示。

我们可以看到该产品的申购和赎回费率都为 0；销售手续费年费率为0.2%；托管费年费率为 0.02%，需要按季支付；管理费分为固定和浮动两种，

该产品无固定管理费，都是收取浮动管理费，一般以业绩比较基准来计算，这里为 3.8%，我们要注意该收益率不是实际收益率。

| 理财账户最低保留份额 | | 10万份 |
|---|---|---|
| 认/申购费率 | | 0% |
| 销售手续费（年化） | | 0.20% |
| 托管费（年化） | | 0.02%，计算基准为理财产品前一日净值，按季支付 |
| 业绩比较基准 | | 业绩比较基准3.80%（年化），本业绩比较基准仅作为计算浮动管理费（如有）的依据，不构成中国工商银行股份有限公司对该理财产品的任何收益承诺。 |
| 投资管理费 | 固定管理费（年化） | 0% |
| | 浮动管理费 | 当产品在两个开放日间的收益率扣除固定费率后的年化收益率达到业绩基准以上时，超过部分全部为客户投资收益 |
| 赎回费率 | | 0% |
| 单位净值 | | 单位净值为提取相关费用后的单位理财产品净值，保留至小数点后四位，四位以下四舍五入。客户按该单位净值进行申购、赎回和提前终止时的分配。 |
| 认购份额 | | 认购份额＝认购金额/1元 |

图 8-6 费用管理

在上图中，我们还可以看到，对产品的单位净值是具有一定规定的，是在提取相关费用以后的产品净值，一般保留至小数点后四位。

无论是申购还是认购都根据相应的份额进行，认购一般是相对于募集期而言，一般购买新的还未成立的产品叫作认购；购买已经成立的产品叫作申购。该产品的收益最终以分红的形式分配到客户，以现金分红的模式，银行将视理财产品运作情况进行分红，分红资金到账日一般在信息披露报告中可以查看。

## 8.3
# 私人银行了解一下

我们知道全权资产委托理财产品都来源于私人银行，那么怎么理解私人银行呢？私人银行就是我们常见的商业银行吗？私人银行的产品都有哪些？

### 8.3.1　怎么定义私人银行

私人银行可以看作是一种高端的金融服务，是指商业银行或国际金融机构与高净值的客户经过协商，签订相关的合同，客户全权委托商业银行按照合同约定，代理客户进行投资和资产管理操作的综合委托投资服务。

在我国银行开立私人银行业务，需要满足一定的条件，如表 8-2 所示。

**表 8-2　私人银行开户最低额**

| 私人银行名称 | 所 在 地 | 最低开户额 |
| --- | --- | --- |
| 工商银行 | 上海 | 金融资产 800 万元人民币以上 |
| 建设银行 | 上海 | 金融资产 600 万元人民币以上 |
| 农业银行 | 上海 | 金融资产 800 万元人民币以上 |
| 中国银行 | 全国 | 金融资产 800 万元人民币以上 |
| 东亚银行 | 广州 | 最低存款额为 100 万美元以上或等值货币 |
| 汇丰银行 | 广州 | 金融资产 100 万美元以上 |
| 招商银行 | 深圳 | 金融资产 1 000 万元人民币以上 |
| 广发银行 | 上海 | 金融资产 600 万元人民币以上 |

私人银行业务最大的特点就是私密、专业、专属，对于客户的资产，

私人银行会提供各种私密性的资产管理服务，实现资产的增值。而相对于其他的理财产品，私人银行的服务要求极高的专业性，专业的资产管理水平。一般银行面向个人客户提供的服务是从零售、理财和私人银行服务不断升级，而私人银行服务属于高端系列。

对于私人银行的服务，一般会根据一定的流程执行，具体如下：

①明确客户需求，为客户实现个性化的定制服务。

②分析客户的风险偏好，一般会从客户财务状况、过往投资经验以及风险承受能力等综合考虑。

③确定投资策略，一般会根据客户需求及风险偏好，组合的配置，如高流动性资产、权益类资产及债权类资产的组合投资，分散投资风险。

④制订产品投资方案，一般会根据市场、政策和产品过往业绩等综合分析，制订产品的投资方案。

⑤实施方案，执行的上述制订的可行性方案，同时会注意方案的流程、时间和风险等的控制。

⑥定期分析绩效，在产品的运作过程中，私人银行会定期地进行绩效分析，并且将相应的结果反馈给客户，并且产品运作过程中，及时与客户沟通，如产品提前终止也会及时通知到客户。

在2007年3月28日，中国银行设立了私人银行部，成为国内首家设立私人银行部的中资银行，近年来，其他商业银行也不断地开立相应的私人银行业务，营业网点和私人银行的理财产品不断增长。

私人银行的客户主要是一些高净值的人群，根据瑞士信贷《2019年全球财富报告》，高净值人群家庭，可投资资产在600万元到1 000万元的占比为60%，1 000万元到3 000万元的占比为27.9%元、3 000万元到1亿元的占比为9.8%、1亿元以上的占比为2.7%，而财富的主要来源为创业、工薪和房地产等。

## 8.3.2　私人银行产品有哪些

与传统的理财产品相比，私人银行的理财产品收益率更高，但购买起点金额也较高，如 50 万元的投资门槛，而且客户群体一般为高净值人群。目前，国有银行和多数股份制银行均有较为丰富的私人银行产品，部分发展较快的城市商业银行和农村商业银行也发行私行理财产品。

私人银行产品中近 75% 是非保本浮动收益型产品，目前私人银行理财产品可分为现金管理类、固定收益类和权益投资类等。

现金管理类产品主要是产品期限较短或者是无固定期限的开放式产品，预期收益率较低，理财资金主要投资于现金、银行存款和货币市场基金等。

固定收益类产品一般以中长期产品为主，大多是有固定期限的封闭式产品，理财资金除了部分投资于货币市场工具外，还加大了债券资产的投资，产品风险相对较低。

权益类投资产品包括新股申购、股权投资以及其他资产证券化产品。产品不保证本金，且收益浮动，风险较高，适合具有一定投资经验且风险承受能力较高的投资者。

我们同样以工商银行为例，看看私人银行的产品是怎么样的。

**案例实操**

**在工商银行官网中看私人银行现金管理类产品**

进入工商银行的"理财产品"页面，在产品搜索页面，我们单击"私人银行产品"超链接，可以看到私人银行产品种类，包括现金管理、货架配置和期次理财等，如图 8-7 中页面展示的就是私人银行理财产品中的全权资产委托产品，此外我们可以选择感兴趣的产品类别进行了解，如单击"现金管理"超链接。

图 8-7 单击"现金管理"超链接

紧接着我们将看到现金管理类产品列示，如图 8-8 所示。在出现的产品中，单击"中国工商银行私人银行客户专享现金管理产品"超链接，对该产品进行详细的了解，接下来系统将自动提示我们下载产品说明书，下载过程相对简单，在这里不进行介绍。

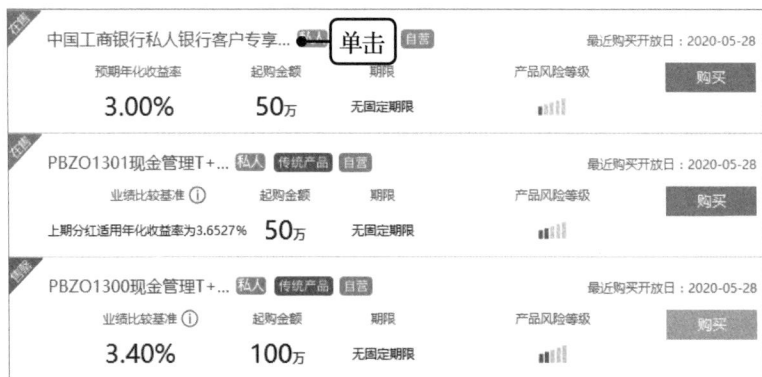

图 8-8 单击"中国工商银行私人银行客户专享现金管理产品"超链接

紧接着我们需要打开产品说明书，对该现金理财产品信息进行查看，如图 8-9 所示，该产品最低起购金额为 50 万元，其中最低追加金额为 1 万元的整数倍，一般是以份额的形式购买，如 50 万元 ÷1 元份 =50（万份）。

一般在募集期和开放日，客户可以通过远程委托的形式，委托私人银行购买或者赎回，并且需要进行确认，一般以系统交易为准。当日未能成功购买或者赎回的申请，需要在下一个工作日重新提交。而对于收益，一般根据组合资产的市场利率计算。

| 追加购买最低金额 | 1万元，以1万元整数倍追加 |
| --- | --- |
| 单笔赎回最低份额 | 1万份，以1万份整数倍追加 |
| 交易级差 | 1万份 |
| 理财账户最低保留份额 | 50万份 |
| 单位金额 | 1元/份 |
| 购买、赎回方式 | 募集期和开放期内，客户通过私人银行部远程委托服务方式在每个工作日的9时至15时30提交产品购买、赎回的预约申请 |
| 购买与赎回确认 | 工银私人银行受理产品申购和赎回的预约申请后，需私人银行部尽职调查人员与客户核对后方可进行交易，申购和赎回的交易时间与交易成功与否以系统交易为准，当日未能确认成功的购买或赎回预约申请，客户须在下一个工作日重新提交预约申请 |
| 收益测算 | 该产品拟投资10%~90%的债券、存款等高流动性资产，10%~80%的债权类资产，0%~70%的其他资产，按目前各类资产的市场收益率水平计算，该产品拟投资的资产组合预期年化收益率约3.63%，扣除理财产品销售费、托管费，若所投资的资产按时收回全额本金和收益，则客户可获得的预期最高年化收益率可达3%。测算收益不等于实际收益，投资需谨慎。若产品未达到客户预期最高年化收益率，工商银行不收取投资管理费；在达到客户预期最高年化收益率的情况下，工商银行按照说明书约定的预期最高年化收益率支付客户收益后，将超过部分作为银行投资管理费收取 |

图 8-9　产品信息

购买该产品是需要缴纳一定费用的，如图 8-10 所示，该产品无销售手续费，托管费的费率为 0.03%，管理费则根据产品能否达到预期最高收益率来计算，若达到，则银行可以在支付收益后将超过部分作为银行投资管理费。

| 销售手续费率（年） | 0%（年化，按日由资产余额计提） |
| --- | --- |
| 托管费率（年） | 0.03%（年化，按日由资产余额计提） |
| 理财产品托管人 | 工商银行北京分行 |
| 预期收益计算方法 | 每日根据当日理财账户余额及适用收益率计算 |
| 收益分配方式 | 按季分红（全额赎回时结清收益） |
| 分红权益登记日 | 每季季末月24日 |
| 分红资金到账日 | 分红权益登记日后第三个工作日 |
| 工作日 | 国家法定工作日 |
| 税款 | 理财收益的应纳税款由客户自行申报及缴纳 |
| 其他规定 | 工商银行将根据市场利率变动及资金运作情况不定期调整各档次预期最高年化收益率，并至少于新预期最高年化收益率启用前1个工作日公布。 |

图 8-10　产品费用及分红

此外，该产品的收益是以分红计算的，一般是按季分红，并且在每季季末月 24 日进行分红权益登记，分红权益登记日后第三个工作日，分红资金将到账。

该产品主要用于高流动性资产、债权类资产以及其他资产或者资产组合投资，具体如表 8-3 所示。

表 8-3　投资去向

| 资产类别 | 资产种类 | 投资比例 |
|---|---|---|
| 高流动性资产 | 债券及债券基金 | 10% ~ 90% |
| | 货币市场基金 | |
| | 同业存款 | |
| | 质押式和买断式债券回购 | |
| 债权类资产 | 股票收益权类信托 | 10% ~ 80% |
| | 交易所委托债权 | |
| | 交易所融资租赁收益权 | |
| | 交易所委托票据 | |
| | 其他债权类委托 | |
| 其他资产或资产组合 | 证券公司及其资产管理公司资产管理计划 | 0 ~ 70% |
| | 基金公司资产管理计划 | |
| | 保险资产管理公司投资计划等 | |

# 银行理财

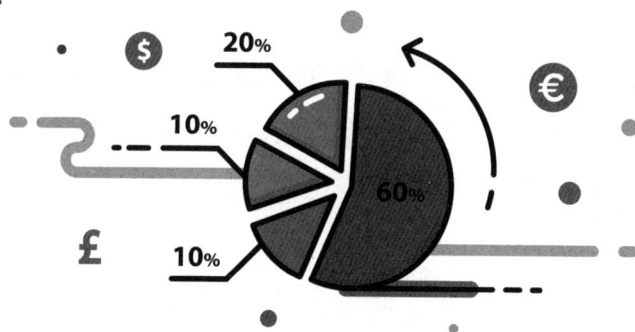

# 第 9 章

# 不同银行产品购买大比拼

　　现在银行推出的理财产品种类繁多，产品期限也长短不等，那么超短期的理财产品是怎么样的？银行选择哪家好？不同的银行产品又有什么优势？不同银行的相同期限的理财产品又有什么不同？这些都可以在本章找到答案。

## 9.1
# 超短期产品 LT7D01 购买实战

在银行定期存款中，我们知道有一类叫通知存款，它的存款期限很短，可分为 1 天和 7 天。与此类似，在银行理财产品中，也存在短期的产品，我们简单以工商银行的 LT7D01 产品为例进行介绍。

### 9.1.1 LT7D01 产品详情

对于产品的详情，我们可以借助产品说明书来了解。

**案例实操**

在产品说明书中查看 LT7D01 产品详情

在产品说明书的首页，我们可以看到相应的风险提示，如图 9-1 所示。

图 9-1 风险提示

在接下来的页面，我们在产品概述里可以看到，该产品的风险评级为 PR2，中等风险，期限不固定但以 7 天为一个周期，该产品是非保本浮动收益型产品，产品的募集期为 10 天，产品的购买时间为产品的开放日，要注意在产品募集期内购买后是不能赎回的，产品的收益以分红的模式计算，产品的分红到账有详细的规定，具体如图 9-2 所示。

| 产品风险评级 | PR2（本产品的风险评级仅是工商银行内部测评结果，仅供客户参考） |
| --- | --- |
| 目标客户 | 经工商银行风险评估，评定为稳健型、平衡型、成长型、进取型的有投资经验和无投资经验的个人高净值客户。 |
| 期限 | 无固定期限 |
| 投资及收益币种 | 人民币 |
| 产品类型 | 非保本浮动收益型理财产品 |
| 募集期 | 2011年05月31日~2011年06月09日。如果该产品募集期结束前认购规模达到计划发行量，工商银行有权结束募集并提前成立，产品提前成立时工商银行将发布信息披露，产品最终规模以工商银行实际募集规模为准。 |
| 产品起始日 | 2011年06月10日 |
| 开放日及开放时间 | 自产品起始日（不含当日，产品起始日不能购买）起的每个工作日为开放日，开放日的9:00至17:00为开放时间。产品募集期内不接受赎回申请。 |
| 分红兑付日、分红到账日 | 每周一分红兑付（产品起始日后首周一不分红），周二分红到账，分红兑付日与分红到账日不计利息。（如遇分红兑付日为周六、周日及国家规定的休假日，则顺延至下一工作日（到账日随之顺延），实际持有期限相应按日增加） |

图 9-2　产品概述 1

此外该产品的购买是需要缴纳一定费用的，后面我们将详细说明。该产品的购买起点金额为 5 万元，在一定的情况下，银行将调整产品的预期最高年化收益率，产品的收益要缴纳一定的税款，且由客户自己申报及缴纳。如果产品在募集期购买，是按照活期利率计息，利息收入不计入本金份额，具体如图 9-3 所示。

| | 使用的预期最高年化收益率支付客户收益后，将超过部分作为银行投资管理费收取 |
| --- | --- |
| 购买起点金额 | 5万元（追加认购金额为1 000元的整数倍） |
| 工作日 | 国家法定工作日 |
| 预期最高年化收益率调整说明 | 工商银行根据存款利率和市场投资品收益率变动及资金运作情况不定期调整预期最高年化收益率，并至少于新预期最高年化收益率启用前7个工作日公布 |
| 税款 | 理财收益的应纳税款由客户自行申报及缴纳 |
| 其他规定 | 募集期内按照活期存款利息计息，募集期内的利息不计入认购本金份额 |

图 9-3　产品概述 2

该产品的资金主要用于高流动性资产，包括但不限于各类货币市场基金等；债权类资产，包括但不限于债权类信托等；权益类资产，包括但不限于结构化证券投资信托计划优先份额等；其他资产或者资产组合，包括但不限于证券公司及其资产管理公司资产管理计划等。具体如表9-1所示。

表9-1　投资去向

| 资产类别 | 资产种类 | 投资比例 |
|---|---|---|
| 高流动性资产 | 债券及债券基金 | 10%～90% |
| | 货币市场基金 | |
| | 同业存款 | |
| | 其他 | |
| 债权类资产 | 债权类信托 | 10%～90% |
| | 股票收益权类信托 | |
| | 交易所委托债权 | |
| | 交易所融资租赁收益权 | |
| | 交易所委托票据 | |
| | 其他 | |
| 权益类资产 | 股权类信托 | 0～30% |
| | 结构化证券投资信托计划优先份额 | |
| | 其他 | |
| 其他资产或资产组合 | 证券公司及其资产管理公司资产管理计划 | 0～30% |
| | 基金公司资产管理计划 | |
| | 保险资产管理公司投资计划 | |
| | 其他 | |

一般除说明书特别约定外，拟投资的各类债券信用评级均在AA级（含）以上，产品的投资比例一般会在[-10%，+10%]的区间内浮动。

## 9.1.2 LT7D01 产品申购及赎回

对于产品的申购及赎回，一般可以从渠道、时间和确认等方面去理解，具体如下：

◆　申购及赎回渠道

申购或者赎回的渠道一般分为两种，当产品处于募集期的时候，投资者可在网点营业时间及网上银行 24 小时提交申购申请，募集期内该产品不能赎回。

但该产品处于开放日时，一般投资者可在开放日的工作时间提出申购或者赎回的预约申请。如果在非开放时间提出申购或赎回预约申请，将推迟到下一开放日的工作时间处理。

◆　申购及赎回时间

申购或者赎回的时间一般采用的是 T+N 模式，其中 T 为开放日，N 为 0 或者 1，如在工作日 T 日购买，T+1 日确认，T+1 日扣款。

◆　申购及赎回确认

申购确认相对简单，典型的 T 日购买，T+1 日确认，T+1 日扣款，如李先生在 6 月 2 日购买了该产品，一般银行会在 6 月 3 日进行确认并扣款。

而赎回的确认相对复杂一点，一般持有一个周期，如持有 7 天以上，投资者可申请赎回，T 日赎回，T 日确认，T+1 日到账；如果投资者申请全部赎回，那么本金和收益将于 T+1 日到账，其中最后一次分红兑付日与产品赎回日之间产生的收益，按实际天数计算。

如果投资者申请部分赎回，部分赎回的本金将于 T+1 日到账，收益根据持有期限计算，并于最近一个分红兑付日兑付，次日到账，一般赎回到账日是不计息的。部分赎回是根据一定的比例进行的。

一般在赎回时，可能发生巨额赎回的情况，一般在开放日中，如果该产品的产品份额净赎回申请总和超过了上一日产品总份额的15％，就是巨额赎回。此时银行有权不接受超出部分的赎回申请，只通过不超过比例的赎回申请，超过的比例顺延到下一工作日处理。

要注意，如果投资者在连续两个开放日及以上发生巨额赎回，银行有权暂停接受客户的购买和赎回申请。并且银行会在相关营业网点或官网进行披露。

对于产品分红的到账时间也是有规定的，如该产品确认每周一为分红兑付日，每周二为分红到账日。如果持有时间不足7天，根据实际天数计算，如遇周一为非工作日，那么按日顺延，实际持有期限按日增加。

## 9.1.3 LT7D01 产品收益及风险

对于该产品的收益，一般银行会根据当日产品的账户余额及收益率按日计算，一般在每周一进行分红登记，在产品说明书中，我们将看到对于预期最高年化收益率的详细预测，如图9-4所示。

| 预期最高年化收益率测算 | 本产品拟投资10％—90％的高流动性资产，10％—90％的债权类资产，0—30％的权益类资产，0—30％的其他资产或资产组合，产品因为流动性需要可开展存单质押、债券正回购等融资业务。本产品按日计算收益率，预期最高年化收益率随着客户认购金额的不同而不同，按目前市场收益率水平测算，扣除销售手续费、托管费，若所投资的资产按时收回全额本金和收益，各档次客户可获得的预期最高年化收益率如下：5万元≤认购金额＜100万元 为2.20％，100万元≤认购金额＜300万元 为2.50％,300万元≤认购金额＜500万元 为2.70％，500万元≤认购金额 为2.90％。测算收益不等于实际收益，投资需谨慎。若产品运行期间未达到客户预期最高年化收益率,工商银行不收取投资管理费；在达到客户预期最高年化收益率的情况下，工商银行按照 |
|---|---|

**图 9-4　预期最高年化收益率测算**

从上图中我们可以看到，该产品的预期最高年化收益率随客户认购金额的不同而不同，从认购金额5万元到500万元，最高收益可分为3个档次。

假设刘先生在周三购买了该产品 5 万元，持有了 30 天，在周五进行全额赎回，在赎回时扣除销售手续费、托管费后，他可获得的收益如下：

首先是进行分红计算：购买日后次周周一分红：$50\,000 \times 2.2\% \times 5 \div 365 = 15.07$（元）；持有期第二、三、四周周一分红：$50\,000 \times 2.2\% \times 7 \div 365 \times 3 = 63.29$（元）；全额赎回后收益：$50\,000 \times 2.2\% \times 4 \div 365 = 12.05$（元），持有期总收益：$15.07 + 63.29 + 12.05 = 90.41$（元）。

如上收益的计算并不代表产品的实际收益，实际收益应以银行的实际支付为准。除以上收益计算外，一般还存在收益的最不利情形，如产品本金和收益的延期支付或者产品收益无法实现，本金亏损。产品的历史业绩不代表其未来的表现，更不构成该产品业绩表现的保证。所以购买前，应关注产品风险。

对于产品的风险，首先我们要关注产品的本金及收益风险，如图 9-5 所示，银行对于该理财产品的本金和收益不提供保证承诺，该理财产品的总体风险程度较低，本金损失的可能性很小。

| 目标客户 | 经工商银行风险评估，评定为稳健型、平衡型、成长型、进取型的有投资经验和无投资经验的个人高净值客户 |
|---|---|
| 客户风险承受能力级别 | （如影响您风险承受能力的因素发生变化，请及时完成风险承受能力评估） |
| 重要提示 | 工商银行对本理财产品的本金和收益不提供保证承诺。<br>本理财产品的总体风险程度较低，工商银行不承诺本金保障但客户本金损失的可能性很小。理财产品的投资方向主要为低风险、低收益的投资品市场，产品的本金及收益受宏观政策和市场相关法律法规变化、投资市场波动等风险因素影响较小。<br>在发生最不利情况下（可能但并不一定发生），客户可能无法取得收益，并可能面临损失本金的风险。请认真阅读理财产品说明书第八部分风险揭示内容，基于自身的独立判断进行投资决策。 |

图 9-5　本金及收益风险

除了如上的风险，该产品还存在政策风险、市场风险、信用风险、流动性风险、提前终止风险、管理风险、不可抗力及意外事件风险，具体如下：

◆ 政策风险

简单理解就是该产品在发行、运作或赎回时，因为国家政策及相关法律法规影响，收益无法实现并发生本金损失的风险。

◆ 市场风险

产品在运作过程中，因为市场的变动，从而使产品的投资收益和本金遭受损失的风险。

◆ 信用风险

一般是产品资金用于如股票收益权信托计划、各类债券和货币市场基金等投资，投资的相关方由于信用违约给投资者的本金和收益带来损失的风险。

◆ 流动性风险

该产品的持有周期相对较短，这里的流动性风险主要指产品发生延期兑换或者巨额赎回，客户面临的不能及时赎回产品的风险。

◆ 提前终止风险

该产品在持有期间，银行可根据一定的情形，提前终止该产品。此时客户将面临不能取得按期赎回的预期收益及再投资收益的风险。

◆ 管理风险

该产品在持有期间，产品受到资金标的管理方的经验、技能和执行力等综合因素影响，可能会使本产品的投资收益及本金受到一定的影响。

◆ 不可抗力及意外事件风险

该产品在持有期间，因不可抗力及意外事件对产品的成立、投资、兑付和信息披露等带来的影响，客户将面临损失收益及本金的风险。

如上的风险，一般都是投资者自身承担，银行不会承担相应的风险，相关信息会在说明书中进行说明，投资者应仔细阅读该条款。

## 9.2

# 工商银行 CFWLDK28 与建设银行 SH2018KF01000LBM1 产品大比拼

现在商业银行都推出了长中短期的各种结构的理财产品，不同的投资者适合不同的理财选择，那么投资者应该选择哪一家银行最好？我们以工商银行和建设银行的超短期理财产品做一个简单的比较。

### 9.2.1 产品详情有区别

对于产品的基本详情，我们可以借助两种产品的产品说明书来了解。

**案例实操**

**在产品说明书中看两家产品详情的不同**

结合两家的产品说明书，我们可以将产品的详情进行对比，如表9-2所示。

表 9-2　产品详情比较

| 项　　目 | 工商银行 | 建设银行 |
| --- | --- | --- |
| 产品名称 | 工银"财鑫通"个人理财产品 28 天 CFWLDK28 | 中国建设银行"乾元一龙跃"（30 天）按日开放固定收益类净值型非保本浮动收益型人民币理财产品 |
| 产品代码 | CFWLDK28 | SH2018KF01000LBM1 |
| 产品风险评级 | PR2 | PR2 |
| 投资及收益币种 | 人民币 | 人民币 |
| 产品类型 | 非保本浮动收益类 | 固定收益类、非保本浮动收益型 |

续表

| 项　　目 | 工商银行 | 建设银行 |
|---|---|---|
| 目标客户 | 经工商银行客户风险承受能力评估为稳健型、平衡型、成长型或进取型的有投资经验和无投资经验的客户 | 收益型、稳健型、进取型、积极进取型个人客户及机构类客户 |
| 业绩比较基准 | 按目前市场收益率水平，扣除销售手续费、托管费后，产品业绩基准为3.05%（年化），测算收益不等于实际收益 | 业绩比较基准A：人民银行七天通知存款利率+225BP。<br>业绩比较基准B：人民银行七天通知存款利率+325BP |
| 募集期 | 2017年11月16日～2017年11月23日 | 2018年12月17日～2018年12月20日 |
| 产品成立日 | 2017年11月24日 | 2018年12月21日 |
| 产品期限 | 起息后每28天为一个投资周期 | 无固定期限最低持有30天 |
| 开放日 | 每个产品工作日为产品开放日 | 每个产品工作日为产品开放日 |
| 购买起点金额 | 5万元起购，最低追加1 000元，以1 000元的整数倍追加 | 1万元起购，最低追加金额以1元整数倍递增 |
| 募集期是否允许撤单 | 是 | 是 |
| 提前终止 | 银行有权根据市场变动情况提前终止本理财产品。除说明书另有约定外，客户不得提前终止本产品 | 银行有权根据市场变动情况提前终止本理财产品。除说明书另有约定外，客户不得提前终止本产品 |
| 工作日 | 国家法定工作日 | 上海证券交易所和深圳证券交易所的每一正常交易日；如遇特殊情况，以中国建设银行具体公告为准 |
| 税款 | 理财收益的应纳税款由客户自行申报及缴纳 | 理财收益的应纳税款由客户自行申报及缴纳 |

根据上表我们可知，工商银行和建设银行的这两款短期产品，投资期限都较短，产品无论是在产品业绩比较基准、募集期、购买起点、持有周期和产品成立日等都是不相同的，但是产品都属于中等风险的非保本的浮动收益类产品，面向的客户群体类似，投资周期仅相差两天。

除此外，我们再来看看两类产品的资金去向有何差别，如表9-3所示。

表9-3 产品投资去向

| 工商银行 | | 建设银行 | |
|---|---|---|---|
| 高流动性资产（0 ~ 80%） | 存款 | 现金类资产（0 ~ 90%） | 活期存款 |
| | 债券 | | 定期存款 |
| | 货币市场基金 | | 协议存款 |
| | 债券型基金 | 货币市场工具（0 ~ 80%） | 买断式回购 |
| | 其他高流动性资产 | | 质押式回购 |
| 债权类资产（20% ~ 100%） | 债权投资 | | 交易所协议式回购 |
| | 保障退出股权投资 | 货币市场基金（0 ~ 30%） | 货币市场基金 |
| | 差额补足类市场化退出股权投资 | 标准化固定收益类资产（0 ~ 95%） | 现金 |
| | 保障退出类代理组合式基金投资 | | 国债 |
| | 股票质押式回购 | | 中央银行票据 |
| | 两融收益权 | | 政策性金融债券 |
| | 股票收益权 | | |
| | 其他债权类资产 | | |
| 权益类资产（0 ~ 30%） | 股票 | | |
| | 市场化股权 | | |
| | 混合证券 | | |
| | 其他权益类资产 | | |

如上表所示，工商银行的产品 CFWLDK28 和建设银行的产品 SH2018KF-01000LBM1，两者的投资去向有明显的差别，工商银行的产品主要投资去向是高流动性资产、债权类资产及权益类资产；而建设银行的产品主要投资去向是现金类资产、货币市场工具、货币市场基金及标准化固定收益类资产，而具体的产品的投资比例也是不一样的。

## 9.2.2 产品收益算一算

在前面小节我们看到产品的业绩比较基准，两类产品的计算方法是不一样的，那么两类产品的收益又是怎么计算的呢？

对于产品的收益，首先我们应考虑产品的单位净值、费用及税收等方面因素，具体如表9-4所示。

表 9-4　产品收益影响因素比较

| 项　　目 | 工商银行 | 建设银行 |
| --- | --- | --- |
| 产品单位净值 | 不计算产品的单位净值 | 进行申购或赎回申请时，根据 T 日（工作日）产品单位净值计算客户申购份额或赎回金额 |
| 托管费率 | 0.02% | 产品托管费按前一自然日产品资产净值的 0.02% 年费率计提 |
| 销售手续费率 | 0.2% | 产品销售费按前一自然日产品资产净值的 0.30% 年费率计提 |
| 管理费用 | 产品在扣除销售费、托管费等费用，并按当前业绩基准实现客户收益后仍有剩余收益时，剩余收益部分作为产品投资管理费 | 产品管理费按前一自然日产品资产净值的 0.1% 年费率计提 |
| 超额业绩报酬 | 无明确规定 | 超额业绩报酬根据单个运作周期内累计年化收益率是否超过两个业绩比较基准来确定，一般会收取超过部分的 5% 或者 50% |
| 申购赎回费 | 无 | 无 |
| 税收 | 无明确的规定 | 产品运营过程中发生的增值税由建设银行申报和缴纳，税款从产品资产总值中扣除 |

对于产品收益额的具体计算，两类产品都具有不同的计算方法，具体如表9-5所示。

### 表 9-5　产品收益计算比较

| 项　目 | 工商银行 | 建设银行 |
|---|---|---|
| 方法 1 | 产品按期赎回：<br>李先生投资该产品 5 万元，按照 28 天投资周期计算，产品到期赎回，那么到期他可获得的最终收益为：<br>50 000×3.05%×28÷365=116.99（元） | 产品盈利时：<br>李先生在募集期内购买本产品，投资本金为 5 万元，购买时产品单位净值为 1，客户持有份额为 5 万份，赎回时产品单位净值为 1.016 543。李先生实际持有天数为 30 天，赎回份额为 5 万份，客户赎回金额为：50 000×1.016 543=50 827.15（元），客户持有期年化收益率为：（50 827.15-50 000）÷50 000×365÷30≈20.13% |
| 方法 2 | 产品延期赎回：<br>刘先生投资该产品 5 万元，按照 28 天投资周期计算，因为到期赎回时为非工作日时间，实际投资周期为 35 天，此时他最终获得的收益为：50 000×3.05%×35÷365=146.23（元） | 产品亏本时：<br>刘先生在募集期内购买本产品，投资本金为 5 万元，购买产品时单位净值为 1，客户持有份额为 5 万份，赎回时产品单位净值 0.895 743。则客户赎回金额为：50 000×0.895 743=44 787.15（元）。<br>客户持有期收益为：50 000×（0.895 743-1）=-5 212.85（元） |
| 方法 3 | 两个投资周期：<br>汤先生投资该产品 5 万元，实际持有了两个周期，其中在第一个投资周期，产品的业绩基准为 3.05%，实际持有 28 天；第二个投资周期产品业绩基准为 3.18%，实际持有 28 天，则他获得的最终收益为：50 000×3.05%×28÷365+50 000×3.18%×28÷365=238.96（元） | 产品开放日购买：<br>汤先生在产品的开放日，投资该产品 5 万元，银行公布产品单位净值为 1.223 796，则他持有的产品份额=50 000÷1.223 796=40 856.48（份），到期后，根据"（当前净值-初始净值）÷初始净值÷产品运行天数×365"公式即可计算到期收益率 |
| 方法 4 | 最不利情况 | 最不利情况：本金及收益亏损 |

　　通过上表我们可以知道，两者的收益计算是完全不一样的，工商银行的 CFWLDK28 产品的收益是根据业绩比较基准的收益率计算，并且根据赎回时间的不同而不同，而建设银行的 SH2018KF01000LBM1 产品的收益计算是以单位净值和持有份额为计算前提。

### 9.2.3 产品申购与赎回看一看

产品的申购及赎回一般可以从渠道、时间和确认等方面去比较，具体如表 9-6 所示。

表 9-6　产品申购与赎回比较

| 项　　目 | 工商银行 | 建设银行 |
| --- | --- | --- |
| 申购渠道 | 网点柜台、银行官网、网银、STM 智慧柜员机和银行手机 App 等 | 网点柜台、银行官网、网银、STM 智慧柜员机、银行手机 App、理财中心和财富中心等 |
| 申购时间 | 募集期内网点营业时间及网上银行 24 小时接受购买申请；产品成立后，每周一、周四 9:00 ~ 17:00 接受购买申请，其他时间预约购买 | 募集期内，产品认购；存续期内，开放日进行产品申购，一般是 T 日申购，资金当日冻结，T+2 日资金扣划。每个开放日的申购时间为 1:00 ~ 23:00 |
| 申购确认 | 本产品每周二、周五为投资周期成立日，成立日扣款并确认购买份额，成立日须为工作日，遇非工作日顺延至下一成立日。每周二、周五客户提交的购买申请于下一成立日扣款并确认购买份额 | 募集期内确认购买份额，其计算公式为：购买份额 = 购买金额 ÷ 1。开放日确认购买份额，其计算公式为：申购份额 = 申购金额 ÷ T 日（开放日）产品单位净值 |
| 赎回规则 | 客户持有周期在 28 天及以上，每周一、周四 9:00 ~ 17:00 接受赎回申请，其他时间预约赎回。投资周期结束日次日为资金到账日，如遇法定节假日顺延 | 客户持有份额 30 天及以上，可以在 T 日（开放日）提出赎回份额申请，客户赎回资金将于 T+2 日兑付至客户的签约账户 |

在上表中我们可以看到两家银行的产品的申购渠道类似，可以采用线上和线下的渠道，而申购时间和申购确认却又不同。相比较而言，建设银行的该产品更类似于基金类产品的申购赎回，采用 T+N 模式，而工商银行的该产品更多的是采用限制时间申购赎回，如周一、周四的工作时间接受申购，其他时间需要预约。

任何产品的购买都是具有风险的，对于工商银行和建设银行的这两类产品，风险大同小异，主要为政策风险、市场风险、信用风险、流动性风险、提前终止风险、管理风险以及不可抗力及意外事件风险，前面我们都进行了详细说明，这里不再重复说明。

## 9.3
# 银行推出的各类"小宝贝"

余额宝出现以来，市场上各种宝宝类理财产品很多，各大银行也先后推出了各种宝宝类理财产品。那么，这些宝宝类银行理财产品与其他的产品有何不同呢？下面以常见银行的宝宝类产品进行说明。

### 9.3.1 工商银行——薪金宝

在 2014 年 1 月 21 日至 24 日发行的工银薪金宝，是银行与基金合作的升级，投资的是货币市场基金，又名为工银薪金货币 A（000528）。该产品具有很高的流动性，收益可以与银行的定期存款相媲美，同时产品的风险较低，该产品的最低起购金额为 100 元，最低的追加金额为 1 元。申购和赎回都按照份额计算，一般申购在 T+1 计息，赎回在 T+1 到账，即在申购或者赎回的次日计算利息或者赎回到账。

薪金宝对于客户没有特别的限制，无论是一般客户还是高净值客户都可以购买。一般可以在银行柜台购买、网上银行购买或者手机银行客户端购买。薪金宝的投资去向是具有良好流动性的工具，包括现金、通知存款、一年以内的银行定期存款和大额存单及中期票据；期限在一年以内（含一年）的债券回购、期限在一年以内（含一年）的中央银行票据、短期融资券；法律法规或中国证监会允许该基金投资的其他固定收益类金融工具。

薪金宝的投资收益一般可以以每万份收益和七日年化收益率计算，计算公式采用货币基金的收益计算公式。

对于薪金宝投资基金的一些基本信息我们也应了解，产品的全名为"工银瑞信薪金货币市场基金"，基金代码为000528，基金管理人是工银瑞信基金，基金托管人是交通银行，管理费、托管费和申购赎回费如图9-6所示。

| 基本概况 | | 其他基金基本概况查询： | 请输入基金代码、名称或简拼 |
|---|---|---|---|
| 基金全称 | 工银瑞信薪金货币市场基金 | 基金简称 | 工银薪金货币A |
| 基金代码 | 000528（前端） | 基金类型 | 货币型 |
| 发行日期 | 2014年01月21日 | 成立日期/规模 | 2014年01月27日 / 109.200亿份 |
| 资产规模 | 59.44亿元（截止至：2020年03月31日） | 份额规模 | 59.4397亿份（截止至：2020年03月31日） |
| 基金管理人 | 工银瑞信基金 | 基金托管人 | 交通银行 |
| 基金经理人 | 王朔 | 成立来分红 | 每份累计0.00元（0次） |
| 管理费率 | 0.33%（每年） | 托管费率 | 0.05%（每年） |
| 销售服务费率 | 0.25%（每年） | 最高认购费率 | 0.00%（前端） |
| 最高申购费率 | 0.00%（前端） | 最高赎回费率 | 1.00%（前端） |
| 业绩比较基准 | 中国人民银行公布的七天通知存款税后利率 | 跟踪标的 | 该基金无跟踪标的 |

**图 9-6　产品的基本概况**

根据每日基金收益情况，以每万份基金已实现收益为基准，为投资人计算当日收益并分配，每月集中结转。基金收益分配方式为红利再投资，再投资无费用。根据每日收益情况，将当日收益全部分配。对于产品的更多信息，我们还可以在产品的说明书里进行查看，如图9-7所示，在"基金公告－发行运作"界面进行工银瑞信薪金货币市场基金招募说明书的下载，并查看，一般建议下载最新版。

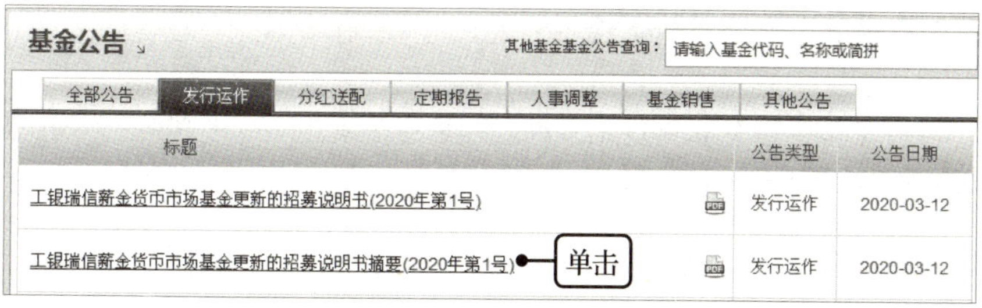

**图 9-7　产品说明书下载**

在打开的产品说明书里，我们可以根据目录查看相应的信息，如基金管理人、基金托管人及基金份额分类等，如图 9-8 所示。一般单击目录页码，就可以直接找到想查看的内容。

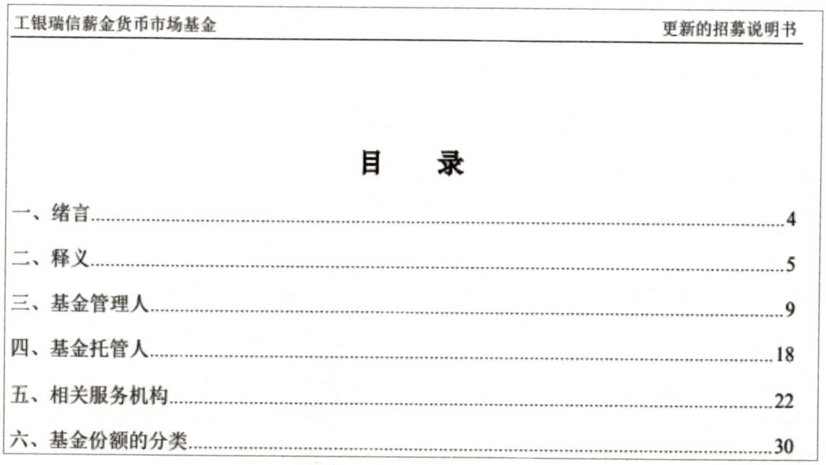

工银瑞信薪金货币市场基金　　　　　　　　　　　　　　　更新的招募说明书

**目　　录**

**图 9-8　说明书目录**

薪金宝比较适合上班族，类似于每月的基金定投，购买起点相对较低，风险也较低，流动性较好，类似于余额宝。购买以后，随时查看基金的行情是有必要的，一般除了在银行的官网或者手机 App 端查询，还可以在一些基金网站查看详情，如天天基金网（www.1234567.com.cn）。

### 9.3.2 农业银行——快溢宝

快溢宝是中国农业银行正式推出的货币基金自动理财业务，投资的基金是货币基金农银货币 A（660007）。

该产品的购买门槛较低，100 元起投，和工商银行的薪金宝一样，意味着只要账户的余额超过 100 元就可以申购，T+0 快速赎回模式，可随时赎回并可以充分地利用账户的闲散资金。

此外还可以与客户的账户绑定，自动赎回后用于偿还信用卡欠款和住房按揭等个人贷款。一般在柜台、网银及掌上银行都可以购买。

快溢宝对应的货币基金产品的全名为"农银汇理货币市场证券投资基金"，基金代码为 660007，基金管理人是农银汇理基金，基金托管人是工商银行，管理费、托管费和申购赎回费如图 9-9 所示。

| 基本概况 ↓ | | 其他基金基本概况查询：| 请输入基金代码、名称或简拼 |
|---|---|---|---|
| 基金全称 | 农银汇理货币市场证券投资基金 | 基金简称 | 农银货币A |
| 基金代码 | 660007（前端） | 基金类型 | 货币型 |
| 发行日期 | 2010年11月08日 | 成立日期/规模 | 2010年11月23日 / 60.326亿份 |
| 资产规模 | 19.68亿元（截止至：2020年03月31日） | 份额规模 | 19.6776亿份（截止至：2020年03月31日） |
| 基金管理人 | 农银汇理基金 | 基金托管人 | 工商银行 |
| 基金经理人 | 黄晓鹏 | 成立来分红 | 每份累计0.00元（0次） |
| 管理费率 | 0.33%（每年） | 托管费率 | 0.10%（每年） |
| 销售服务费率 | 0.25%（每年） | 最高认购费率 | 0.00%（前端） |
| 最高申购费率 | 0.00%（前端） | 最高赎回费率 | 1.00%（前端） |
| 业绩比较基准 | 同期7天通知存款利率(税后) | 跟踪标的 | 该基金无跟踪标的 |
| 基金管理费和托管费直接从基金产品中扣除，具体计算方法及费率结构请参见基金《招募说明书》 | | | |

**图 9-9　产品的基本概况**

该基金投资去向是具有良好流动性的金融工具，如现金、期限在一年以内（含一年）的银行存款、债券回购、中央银行票据及同业存单等。

该基金的收益分配方式为红利再投资，再投资无费用。采取"每日分配、按月支付"的收益分配模式，简单理解就是每日计算当日收益并分配，每月集中支付收益。

该基金的收益和余额宝一样，一般以每万份收益和 7 日年化收益率计算，如图 9-10 所示。每万份收益和 7 日年化收益率每一天都是不同的。

| 净值日期 | 每万份收益 | 7日年化收益率（%） | 申购状态 | 赎回状态 |
|---|---|---|---|---|
| 2020-05-29 | 0.5524 | 1.6820% | 限制大额申购 | 开放赎回 |
| 2020-05-28 | 0.3312 | 1.5870% | 限制大额申购 | 开放赎回 |
| 2020-05-27 | 0.6684 | 1.6590% | 限制大额申购 | 开放赎回 |
| 2020-05-26 | 0.3422 | 2.0150% | 限制大额申购 | 开放赎回 |
| 2020-05-25 | 0.5587 | 2.0430% | 限制大额申购 | 开放赎回 |
| 2020-05-24 | 0.7454 * | 1.9710% | 限制大额申购 | 开放赎回 |
| 2020-05-22 | 0.3737 | 2.0360% | 限制大额申购 | 开放赎回 |

图 9-10　收益概况

该基金的收益一般还可以通过观察收益趋势图来判断相应的行情，一般可以在银行的官网或者手机端，选择相应的基金就可以查看行情，同时还可以在一些基金网站查询相关信息。当遇到波动较大时，要及时赎回，以免造成本金损失，虽然本金损失的概率较低。

与工银薪金宝一样，快溢宝同样适合一般工薪族，其购买起点相对较低，风险也较低，流动性较好，并且具有快速赎回的特点，还可以自动赎回后偿还信用卡或者个人贷款。

无论是购买工银薪金宝还是农业银行快溢宝，都是需要进行风险测评的，如果风险测评已经过期，还需要重新测评。

### 9.3.3 中国银行——活期宝

活期宝是中国银行推出的货币基金自动理财业务，投资的基金是中银活期宝货币（000539）。

活期宝 1 元起购，相比其他的 1 万元、5 万元或 100 万元的起购金额，门槛较低，并且无申购、赎回的手续费。

一般可以在柜台、网银或掌上银行购买，产品实行 T+0 快速赎回模式，但一般快速赎回只支持中国银行的银行卡，且单个投资者单笔快速赎回和单日累计快速赎回的申请份额上限都为 50 000 份（含），单日快速赎回申请的份额不得低于为 0.01 份，单日基金账户最低保留份额不得低于 10 份。活期宝对应的货币基金主要投资于现金、通知存款、一年以内（含一年）的银行定期存款、债券回购及中央银行票据等。

活期宝对应货币基金产品的全名为"中银活期宝货币市场基金"，基金代码为 000539，基金管理人是中银基金，基金托管人是中信银行，管理费、托管费和申购赎回费如图 9-11 所示。

| 基本概况 | | 其他基金基本概况查询： | 请输入基金代码、名称或简拼 |
|---|---|---|---|
| 基金全称 | 中银活期宝货币市场基金 | 基金简称 | 中银活期宝货币 |
| 基金代码 | 000539（前端） | 基金类型 | 货币型 |
| 发行日期 | 2014年02月10日 | 成立日期/规模 | 2014年02月14日 / 3.001亿份 |
| 资产规模 | 548.05亿元（截止至：2020年03月31日） | 份额规模 | 548.0476亿份（截止至：2020年03月31日） |
| 基金管理人 | 中银基金 | 基金托管人 | 中信银行 |
| 基金经理人 | 范静 | 成立来分红 | 每份累计0.00元（0次） |
| 管理费率 | 0.27%（每年） | 托管费率 | 0.05%（每年） |
| 销售服务费率 | 0.25%（每年） | 最高认购费率 | 0.00%（前端） |
| 最高申购费率 | 0.00%（前端） | 最高赎回费率 | 1.00%（前端） |
| 业绩比较基准 | 同期七天通知存款税后利率 | 跟踪标的 | 该基金无跟踪标的 |
| 基金管理费和托管费直接从基金产品中扣除，具体计算方法及费率结构请参见基金《招募说明书》 | | | |

图 9-11 基本概况

该基金的收益分配方式为红利再投资，再投资无费用。采取"每日分配、按月支付"的收益分配模式，一般以每万份收益和 7 日年化收益率计算收益，如图 9-12 所示。我们可以在相应的网站查看基金收益走势图及历史收益，如 2020 年 5 月 31 日的每万份收益为 0.472 4 元，2020 年 5 月 31 日的 7 日年化收益率为 1.848 0%。

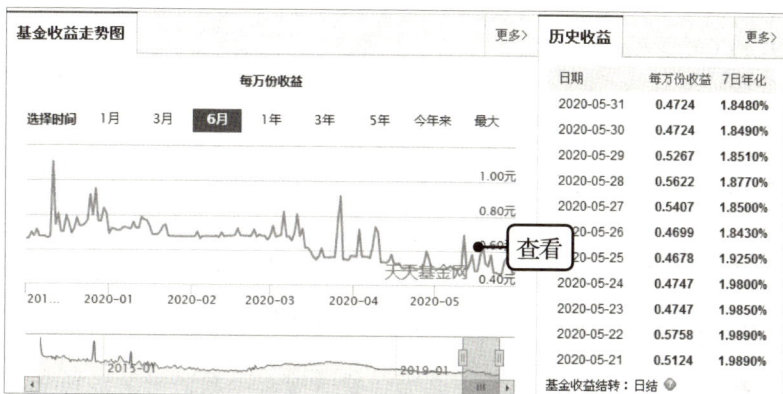

图 9-12　历史收益

在该收益详情页面，我们还可以看到该基金的涨幅，如近一周都表现较为优秀，处于稳步上涨阶段，在同类中排名有所上升，如图 9-13 所示。

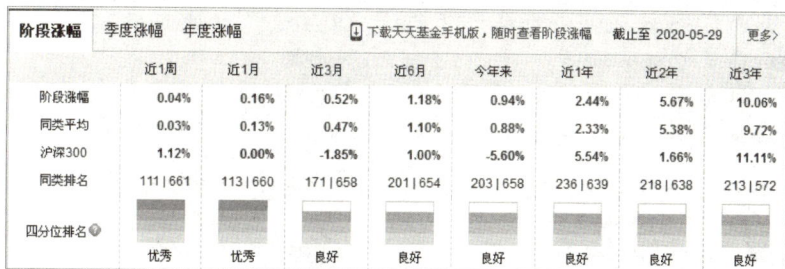

图 9-13　基金涨幅

活期宝与工银薪金宝、农业银行快溢宝一样适合一般工薪族，购买起点相对更低，都属于货币基金，风险较低，流动性较好，并且可以快速赎回。

### 9.3.4　建设银行——速盈

速盈是建设银行推出的货币基金自动理财业务，投资的基金是建信现金添利货币 A（000693），对于速盈我们可以从以下几方面去理解：

①门槛较低，100 元起购。

②无任何交易费用。

③赎回无限制，且赎回资金 T+1 到账。

④一般支持自动买入，并且在购买当天支持撤单。

⑤购买渠道多样，一般柜台、手机银行及网上银行均可购买。

⑥每日的收益按照复利计息，收益相对稳健、安全。

速盈对应货币基金产品的全名为"建信现金添利货币市场基金"，基金代码为000693，基金管理人是建信基金，基金托管人是交通银行，管理费、托管费和申购赎回费如图 9-14 所示。

**基本概况**

| 其他基金基本概况查询： | 请输入基金代码、名称或简拼 |
| --- | --- |

| 基金全称 | 建信现金添利货币市场基金 | 基金简称 | 建信现金添利货币A |
| --- | --- | --- | --- |
| 基金代码 | 000693（前端） | 基金类型 | 货币型 |
| 发行日期 | 2014-09-09 | 成立日期/规模 | 2014-09-17 / 77.605亿份 |
| 资产规模 | 1,316.63亿元（截止至：2020年03月31日） | 份额规模 | 1316.6335亿份（截止至：2020年03月31日） |
| 基金管理人 | 建信基金 | 基金托管人 | 交通银行 |
| 基金经理人 | 于倩倩、陈建良 | 成立来分红 | 每份累计0.00元（0次） |
| 管理费率 | 0.30%（每年） | 托管费率 | 0.05%（每年） |
| 销售服务费率 | 0.15%（每年） | 最高认购费率 | 0.00%（前端） |
| 最高申购费率 | 0.00%（前端） | 最高赎回费率 | 1.00%（前端） |
| 业绩比较基准 | 七天通知存款利率(税前) | 跟踪标的 | 该基金无跟踪标的 |

**图 9-14　基本概况**

该基金的投资去向是现金、期限在一年以内（含一年）的银行存款、债券回购、中央银行票据、同业存单及剩余期限在 397 天以内（含 397 天）的债券等。该基金的收益分配方式同样为红利再投资，再投资无费用。采取"每日分配、按月支付"的收益分配模式，一般以每万份收益和 7 日年化收益率计算收益，我们可以在相应的网站查看基金收益走势图及资产配置，如近 6 个月的 7 日年化收益率走势图，其中在 2020 年 1 月 8 日的 7 日年化收益率为 6 月最高，为 2.964 0%，而从 1 月开始到近月都在不断下降，如图 9-15 所示。在图中，我们还可以看到该基金现金和债券投资比例的变动。

图 9-15　历史收益

在该收益详情页面，我们还可以看到该基金的涨幅，如近一周都表现较为良好，如图 9-16 所示。

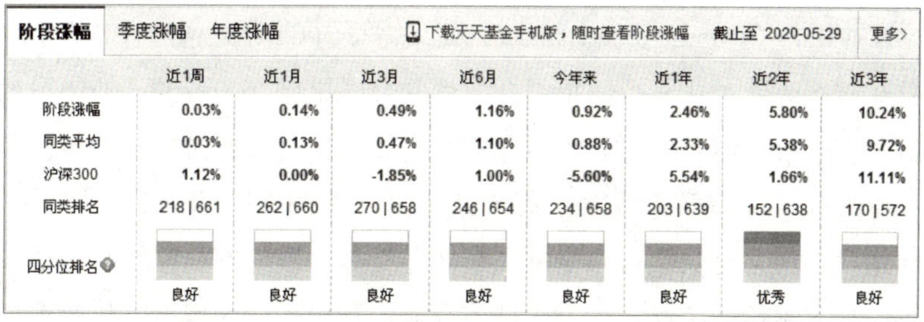

图 9-16　基金涨幅

建设银行速盈与工银薪金宝、农业银行快溢宝一样适合一般工薪族，购买起点相对较低。

那么该基金的申购及赎回情况又是怎么样的呢？如图 9-17 所示，从

2019 年第二季度以来，期间申购、赎回和总份额都呈现下降趋势，总份额由 1 975.27 亿份下降到了 1 316.63 亿份。而持有该基金的主要为个人客户，比例达到 90% 以上，其中还有机构客户和内部持有。

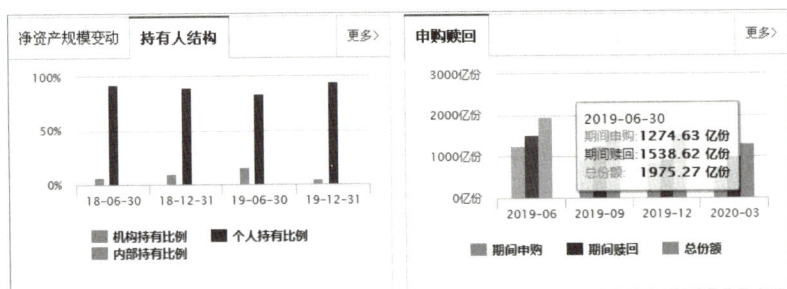

图 9-17　产品申购及赎回信息

各大银行的宝宝类理财产品各有其特点，没有最好，只有最适合。无论是个人还是家庭购买都需要综合考虑各种因素，如产品风险、收益、申购、赎回、费用、起购金额、行情、基金运作以及基金管理人等。购买时一定要做风险测评，明白自己的风险承受能力再匹配产品。

**理财贴士** *怎么理解商业银行*

商业银行（Commercial Bank），英文缩写为 CB，是通过存款、贷款、汇兑及储蓄等业务，承担信用中介职责的金融机构。一般的商业银行没有货币的发行权，而我国商业银行包括国有商业银行、股份制商业银行及城市商业银行等。国有商业银行包括中国工商银行、中国农业银行、中国银行、中国建设银行、交通银行和中国邮政储蓄银行；股份制商业银行包括兴业银行、光大银行和招商银行等；城市商业银行包括广州银行、杭州银行和成都农商银行等。

# 银行理财

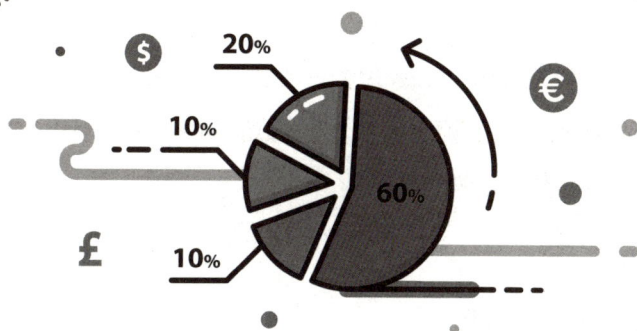

20%

$

10%

€

60%

£

10%

# 第10章

# 银行理财产品购买有妙招

在前面我们已经对各类理财产品有了一定的认识，相信读者对于银行理财产品也有了自己的感悟。如何配置适合个人或家庭的银行理财产品？具体方法是什么？本章将从家庭资产、风险承受能力及资产配置等方面进行综合梳理。

## 10.1
# 家底理一理

购买银行理财产品是个人或家庭的一项投资，那么一个家庭到底拿出多少资产用于理财投资比较好？哪些算个人的家底？财务周期是什么？要不要做一份理财计划书？理财常识知多少？

### 10.1.1 我们有哪些家底

对于家庭的家底，一般可以用家庭的资产和负债去看，资产和负债的具体内容如表 10-1 所示。

表 10-1　家庭（个人）资产负债表

| 资产项 | | |
| --- | --- | --- |
| 资　　产 | | 金额（单位：元） |
| 流动资产 | 现金 | 10 000 |
| | 活期储蓄 | 50 000 |
| | 货币基金 | 20 000 |
| 投资资产 | 定期储蓄 | 200 000 |
| | 债券 | 50 000 |
| | 股票 | 100 000 |
| | 基金 | 50 000 |

续表

| 资产项 | | |
| --- | --- | --- |
| 资　　产 | | 金额（单位：元） |
| 自用资产 | 房产 | 1 200 000 |
| | 汽车 | 650 000 |
| 总资产 | | 2 330 000 |
| 负债项 | | |
| 负　　债 | | 金额（单位：元） |
| 流动负债 | 信用卡欠款 | 5 000 |
| | 外债 | 20 000 |
| 长期负债 | 住房贷款 | 300 000 |
| | 汽车贷款 | 0 |
| 总负债 | | 325 000 |

根据上表所示，该家庭现在是暂未配置相应的银行理财产品的，家庭的资产主要包括流动资产、投资资产和自用资产，而活期储蓄和现金是可以直接将其中的一部分用于购买银行理财产品的。

其他的如货币基金、债券、股票及基金等在到期后，可以调整相应的比例，将其中一部分资金用于银行理财产品的投资，具体的投资比例应根据个人或家庭的风险承受能力而定。

对于家庭资产的配置，一般可参考 4321 定律，即家庭收入的 40% 用于供房及其他方面投资；家庭收入的 30% 用于家庭日常开支；家庭收入的 20% 用于流动性较高的投资，作为家庭备用金；家庭收入的 10% 用于购买保险。

当然如上的定律不一定适合每一个家庭，因为每一个家庭的资产和负债都是不一样的，可以根据实际情况做适当的调整。一般家庭中还是建议在社保之外配置适当的商业保险，特别是重大疾病保险。

## 10.1.2　财务周期算一算

试想一下"早上四只脚，中午两只脚，晚上三只脚，这是什么动物？"

答案是人，这就是典型的生命周期，在生命的不同周期，人的身体形态会呈现出一定差异。人在出生后，站立不稳只能用四肢爬行，到了晚年，因行动不便只得借助拐杖行走。同理，人会有不同的生命周期，家庭也有不同的财务周期。

家庭的财务周期一般按照家庭的形成期、成长期、成熟期和衰落期进行划分，在这不同的 4 个阶段，家庭的财务规划应该是不同的，具体如下。

◆　家庭形成期

在这个阶段，一般是家庭成员在 25 ~ 35 岁居多，从家庭形成到子女出生，家庭成员随着子女增加而增加，此时一般夫妻双方的经济收入中等，主要在于消费，如房、车和孩子养育费，家庭有一定的财力和基本生活保障。

此时最大的开支在于房贷和车贷以及生活消费等。此时可以考虑配置一些低风险的银行理财产品。如将闲置资金的 40% 投资一些定期存款、国债或银行理财产品，10% 用于保险，30% 用于股票或同类基金，20% 用于活期储蓄。

◆　家庭成长期

该阶段的时间跨度是从子女出生到完成学业，而家庭的收入更加稳定，并进入上升期，家庭成员相对固定，一般年龄 35 ~ 50 岁居多，随着资产的逐年增加以及个人或家庭投资经验的积累，投资能力大大增强。

家庭除了投资债券、股票和基金外，可以适当配置一些中等风险的银行理财产品。如将闲置资金的 40% 投资一些定期存款、国债或银行理财产品，10% 用于保险，40% 用于股票或同类基金，10% 用于活期储蓄。

◆　家庭成熟期

此阶段子女完成学业，夫妻双方正在考虑退休，而家庭成员随着子女的独立逐渐减少，夫妻双方年龄在 50 ～ 65 岁居多，此时家庭的资产积累达到顶峰，无论投资能力、工作经验或经济状况等都达到高峰，此时投资的重点是积累更多的养老金，不应考虑较高比例的风险较高的投资产品，可以考虑配置一些低风险的银行理财产品。如将闲置资金的 60% 投资一些定期存款、国债或银行理财产品，10% 用于保险，10% 用于股票或同类基金，20% 用于活期储蓄。

◆　家庭衰落期

在这个阶段，一般是夫妻双方都已经退休或者其中一人已经离世，夫妻年龄在 65 ～ 85 岁居多，此时以安度晚年为主，投资和消费都比较保守，理财的重点在于保本。

如选择银行储蓄或者保本类固定收益类银行理财产品，对于资产较多的年老投资者，此时可以考虑合法节税。如将闲置资金的 50% 投资一些定期存款、国债或银行理财产品，50% 用于活期储蓄。

投资环境随着市场的变化而变化，为了获得长期稳定的投资收益，在降低投资风险时，应理性配置资产，定期检查，不断调整投资品种和投资比例，从而达到预期的目标或者超过预期的收益。

另外，对于如上的投资比例，仅供参考，具体的投资比例应视家庭实际经济状况而定。在投资理财之外，给家庭留置一定比例的备用金必不可少，同时，不同年龄阶段保险配置也应有所区别，在家庭的形成期、成长期和成熟期，对于家庭的"顶梁柱"的重大疾病保险的配置必不可少。

### 10.1.3 理财计划书有必要

理财计划书，简单来说就是个人或者家庭根据当前的实际经济状况，设定想要达成的经济目标，在限定的期限内，通过单一或者组合投资，达到经济目标的计划、规划或解决方案。

理财计划书一般可以从家庭成员、家庭资产负债表、家庭收支表和家庭理财目标分析等多方面去考虑，具体以李先生一家为例。

◆ 家庭成员

主要从家庭成员组成、年龄、职业等去考虑，具体如表 10-2 所示。

表 10-2　家庭成员的组成

| 家庭成员 | 年龄（岁） | 职业 |
|---|---|---|
| 李先生 | 35 | 区域经理 |
| 李太太 | 30 | 人事经理 |
| 宝宝 | 2 | |

◆ 家庭资产负债表

对于家庭的资产和负债，可以从流动资产、固定资产、流动负债和长期负债等去分析，具体如表 10-3 所示。

表 10-3　家庭（个人）资产负债表

| 资产负债表 | | |
|---|---|---|
| | 资产项 | 金额 |
| 流动资产 | 现金 | 10 000 |
| | 活期储蓄 | 10 000 |
| | 货币基金 | 10 000 |

续表

| 资产负债表 | | |
|---|---|---|
| 资产项 | | 金额 |
| 投资资产 | 定期储蓄 | 100 000 |
| | 债券 | 20 000 |
| | 股票 | 50 000 |
| 固定资产 | 房产 | 1 500 000 |
| | 汽车 | 350 000 |
| 总资产 | | 2 050 000 |
| 负债项 | | 金额 |
| 流动负债 | 信用卡欠款 | 1 000 |
| | 外债 | 50 000 |
| 长期负债 | 住房贷款 | 800 000 |
| | 汽车贷款 | 0 |
| 总负债 | | 851 000 |

通过表 10-2 可知，李先生正处于家庭形成期，家庭正处于高消费的时期，平时夫妻双方的工作较忙，加上才有了宝宝，理财精力有限。

而通过表 10-3 可知，李先生一家的流动资产为 3 万元，投资资产 17 万元，固定资产为 185 万元，家庭的流动负债为 5.1 万元，长期负债 80 万元，家庭净资产为 119.9 万元。

李先生一家暂未进行银行理财产品的配置，资金主要用于定期储蓄、股票、债券及货币基金投资。

◆　家庭收支表

对于家庭的收支，一般就是从家庭成员的每月收入、每月支出、年度收入和支出来分析，具体如表 10-4 所示。

表 10-4　家庭收支表（月）

| 收入 | 金额（元） | 支出 | 金额（元） |
|---|---|---|---|
| 李先生 | 30 000 | 房贷 | 3 215 |
| 李太太 | 8 000 | 生活开销 | 20 000 |
| 合计 | 38 000 | 合计 | 23 215 |
| 结余 | 14 785 | | |

　　一般家庭支出表是以月为主，一般每月的收入和支出都是上下波动的，具有一个浮动区间，如果做年度家庭支出表，只是假设每月收入和支出相对固定。

◆　家庭理财目标分析

主要从家庭成员组成、年龄及职业等去考虑，具体如表 10-5 所示。

表 10-5　家庭理财目标分析

| 阶段目标 | 项目 | 时间 | 内容 | 资金需求 |
|---|---|---|---|---|
| 短期目标 | 购房计划 | 3 ~ 5 年 | 定期储蓄 | 100 000 |
| | 资产增值 | | 银行理财 | 50 000 |
| | 偿还负债 | | 货币基金 | 10 000 |
| | 保障计划 | | 保险 | 10 000 |
| 中期目标 | 孩子教育金 | 5 ~ 10 年 | 股票 | 100 000 |
| | 资产增值 | | 债券 | 50 000 |
| | 偿还负债 | | 混合基金 | 50 000 |
| | 保障计划 | | 保险 | 20 000 |
| 长期目标 | 养老金 | 10 年以上 | 定期储蓄 | 500 000 |
| | 资产保值 | | 银行理财 | 50 000 |
| | 其他 | | 活期储蓄 | 50 000 |
| 合计 | – | – | – | 990 000 |

家庭理财计划书简单来说就是从整理家庭的财务状况出发，包括对家庭成员、家庭资产负债及家庭收支等的分析，了解家庭的资产及可用于投资的资本；然后整理家庭的投资目标，包括短期、中期和长期目标；最后根据每一个时期的目标制订具体的投资方案。

# 10.2
# 怎么选产品

在制订相应的理财规划书后，我们需要根据计划去执行，并在执行的过程中不断调整，如给家庭配置适合的银行理财产品。

那么，该如何为家庭选择适合的理财产品呢？一般可以从风险高低、期限长短及产品投资对象等方面考虑。

## 10.2.1　从风险高低上选择

任何的投资都是有风险的，只是风险的高低不同。在前面的章节我们说过，银行的理财产品分为 R1 ~ R5 五个风险等级，这些不同风险的理财产品适合的人群不一样，在不考虑其他因素的情况下，风险高低可以作为选择的重点。

**案例实操**

**从风险高低上选择产品**

我们可以通过银行官网查询某一家银行的所有在售或者已经售完的产

品，同时我们也可以在一些网站上查询全国银行推出的不同系列的产品，如中国理财网。登录中国理财网，在该页面，我们可以看到分类的相关理财产品，在鉴别产品真伪栏目下单击"查询"按钮，查询相关产品，如图 10-1 所示。

**图 10-1　单击"查询"按钮**

紧接着将进入产品的筛选页面，我们可以根据自己的需求进行筛选，选择风险为一级和五级的公募产品，然后单击"查询"按钮，如图 10-2 所示。

**图 10-2　产品筛选**

紧接着将出现相应的筛选结果，如图 10-3 所示，大华银行推出的风险为五级的理财产品和朝阳银行推出的风险为一级的理财产品。单击"朝阳银行'鑫鑫．赢'第 937 期理财产品"超链接，查看产品详情。

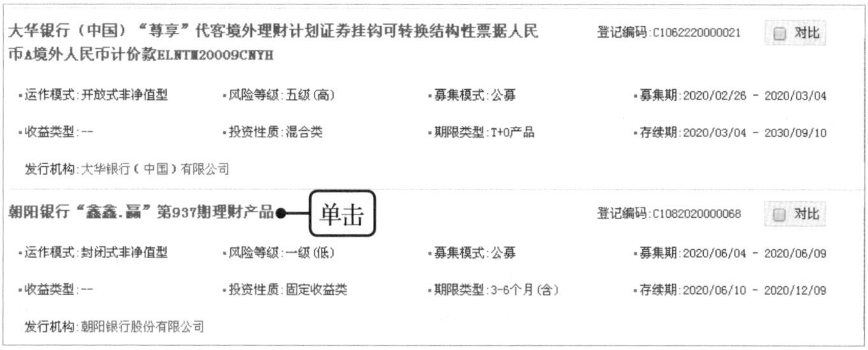

图 10-3　查看产品筛选结果

此时，我们将看到登记编码、发行机构、投资期限、产品性质、风险等级、产品募集日期、成立日期和产品结束日期等信息，如图 10-4 所示。

图 10-4　产品详情信息

当然更多的产品信息，我们还可以在发行银行的官网或者产品说明书中进行详细查看，如要购买，先要进行风险测试。

## 10.2.2 从产品期限长短上选择

除了产品的风险外，产品的购买期限也可作为购买选择之一，银行理财产品最短 7 天以内，最长无期限，一般从产品的期限来考虑，主要考虑产品资金的流动性，我们同样以中国理财网上的产品来说明。

**案例实操**

**从产品期限长短上选择**

进入到中国理财网－鉴别产品真伪－理财产品筛选页面，在产品的筛选页面，我们可以根据自己的需求进行筛选，如将所有期限都选中，然后单击"查询"按钮，如图 10-5 所示。

图 10-5　产品筛选

紧接着将出现相应的筛选结果，如图 10-6 所示，青岛银行推出的风险为二级的理财产品和建设银行推出的风险为三级的理财产品。单击"乾元－私享"产品名称超链接，查看具体的产品详情。

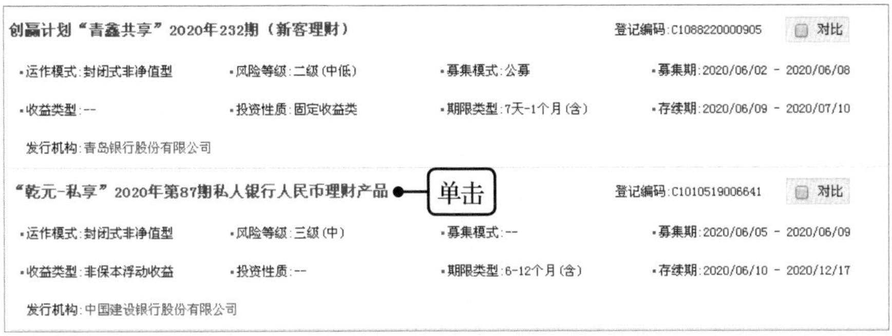


**图 10-6　查看产品筛选结果**

此时，我们将看到登记编码、发行机构、投资期限、产品性质、风险等级、产品募集日期、成立日期、产品结束日期以及预期最低与最高收益率等信息，该产品的投资期限为半年以上一年以下，风险中等，产品实际投资天数 190 天，该产品不保本且收益浮动，预期最低收益率为 4.0%，预期最高收益率为 6.0%，实际收益应以银行最后兑付为准，详情如图 10-7 所示。

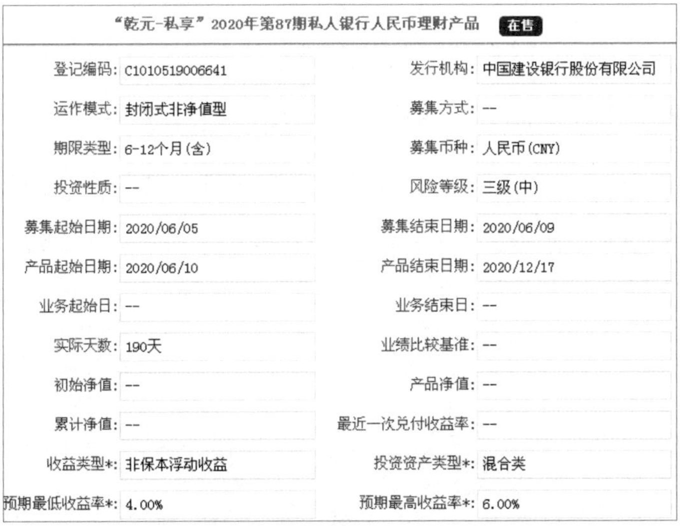

“乾元-私享”2020年第87期私人银行人民币理财产品　在售

| | | | |
|---|---|---|---|
| 登记编码: | C1010519006641 | 发行机构: | 中国建设银行股份有限公司 |
| 运作模式: | 封闭式非净值型 | 募集方式: | -- |
| 期限类型: | 6-12个月(含) | 募集币种: | 人民币(CNY) |
| 投资性质: | -- | 风险等级: | 三级(中) |
| 募集起始日期: | 2020/06/05 | 募集结束日期: | 2020/06/09 |
| 产品起始日期: | 2020/06/10 | 产品结束日期: | 2020/12/17 |
| 业务起始日: | -- | 业务结束日: | -- |
| 实际天数: | 190天 | 业绩比较基准: | -- |
| 初始净值: | -- | 产品净值: | -- |
| 累计净值: | -- | 最近一次兑付收益率: | -- |
| 收益类型*: | 非保本浮动收益 | 投资资产类型*: | 混合类 |
| 预期最低收益率*: | 4.00% | 预期最高收益率*: | 6.00% |

**图 10-7　产品详情信息**

更多的产品信息我们还可以在发行银行的官网或者产品说明书中进行

详细查看，如要购买，先要进行风险测试。首次购买需要去银行柜台做相应的风险测试，否则无法线上购买。

从产品期限上来说，选择短期、中期还是长期产品，一般从投资目标、消费需求、投资偏好以及市场利率等方面去考虑：

**投资目标**。明确自己的投资目标，是要获得长期收益还是短期收益，根据具体的投资目标来确定投资金额和期限。如有一笔闲置资金2万元，打算在3个月后用于旅游，那么此时可考虑给自己配置一款期限在3个月内的理财产品，多出的收益还可以作为额外的旅游经费。

**消费需求**。在不考虑其他因素的前提下，主要是针对那些每月有房贷、车贷需要归还的客户，如果你最近手中有10万元的闲置资金，但每月你需要还贷5 000元，此时可考虑购买期限在一月以内的相关银行理财产品，将相关投资收益用于偿还当月或下月贷款。

**投资偏好**。在不考虑其他因素的前提下，如有的投资者喜欢投资3 ~ 6个月的短期投资，有的投资者则偏好1年以上的长期投资。

**市场利率**。一般在利率不断下滑，且产品风险相对较低的情况下，可考虑购买一些长期的银行理财产品；当个人对资金的流动性要求较高，未来利率会上涨时，可考虑一些中长期的银行理财产品。

## 10.3
# 产品轻松买

如何买到适合自己的理财产品，那是具有一定技巧的，如选择一家好银行、选择一名专业的理财经理以及组合配置理财产品。

## 10.3.1 选好银行

现在市场上的银行很多，国有、股份及民营，不同的银行推出了不同系列的理财产品。那么，多家银行选择哪一家最好呢？

对于银行一般我们可以从银行的地域优势、业务全面性及结算方便性等方面去考虑。

**地域优势**。一般很多业务还是需要去柜台办理的，如初次购买银行理财产品者，需要到银行柜台做相应的风险测试，同时如购买一些大额或者特殊的理财产品，如信托、全权资产委托和私募产品等可能都需要本人亲自去银行柜台办理相关业务。而具有地域优势的银行，可以更方便投资者。

**业务全面性**。业务全面不仅仅只是对公业务、对私业务的多样化，更体现在健全的业务系统，如国际业务、同业业务及信贷业务等业务线很全面，且分工细致。一家银行业务的全面与否，在某种程度上反映了一家银行的综合实力。随着银行理财产品的多样化，理财产品要求银行的平台及金融实力不断增强，业务全面的银行，对于市场的敏感度及市场冲击反应更快，竞争力也更强。业务全面的银行，可供选择的银行理财产品也更丰富。

**结算方便性**。随着网上银行和手机银行的交易量不断增加，对于银行来说，是否拥有健全的交易渠道很重要，比如手机 App 的开发以及不断地升级、业务、产品展示的全面性，交易结算安全、稳定和多样化等。

英国《银行家》杂志按一级资本高低对全球的 1 000 强的银行进行了排序，其中排名前五的如表 10-6 所示。

表 10-6　全球 1 000 强银行排名前五位

| 榜单排名 | 国家 | 银行名称 | 一级资本（十亿美元） |
|---|---|---|---|
| 1 | 中国 | 中国工商银行 | 338 |
| 2 | 中国 | 中国建设银行 | 287 |
| 3 | 中国 | 中国农业银行 | 243 |
| 4 | 中国 | 中国银行 | 230 |
| 5 | 美国 | 摩根大通银行 | 209 |

一级资本是衡量商业银行业务发展能力和风险承受能力的重要指标，也是全球银行 1 000 强排名的重要基准。而根据英国相关品牌价值发布的"2019 年全球品牌价值 500 强"榜单，其中来自中国的总计 77 家，而工商银行和建设银行排名在前十，中国农业银行和中国银行分别排名在 16 位和 19 位。

无论是从品牌的价值还是综合实力上看，我国的工商银行、建设银行、农业银行、中国银行四大银行不仅在国内排在前列，在全球银行排名中也靠前，在网点、业务和结算方面都具有相当大的优势，安全性方面因为是国有银行，更是相当有保障。但一些股份制银行和地方商业银行，相对来说，也具有一定的优势，选择哪一家银行，应结合自身家庭资产、风险承受能力、财务计划和地理位置等综合考虑，没有最好，只有最合适。

## 10.3.2 选好银行理财经理

对于银行的理财经理，投资者一般可以从专业知识、诚实守信、沟通协调、客户需求及从业心态五个方面去考虑，简单说明如下：

◆ 专业知识

一个经验丰富的银行理财经理，一般都具有广泛的金融知识，如对债券、股票、基金、私募、保险及外汇等都了解，此外还包括对国内国外相关市场信息的了解，当然额外的理财知识是加分项。

◆　诚实守信

人无信不立，诚实守信就要求理财经理不是为了推销产品而介绍，介绍产品时含糊其词，而是真正站在客户的立场，根据客户的风险承受能力、财务周期及家庭资产等综合情况推荐理财产品。一般银行都会要求理财经理按照一定频率与客户沟通，主动地告知其投资概况，了解其最新的需求，当投资发生亏损时更要第一时间告知。

◆　沟通协调

沟通协调主要体现在客户、银行和银行理财产品之间，理财经理所起到的桥梁的作用，不仅体现在购买时，更体现在购买前、购买中和购买后的三方协调中，一个合格的银行理财经理，通常都具有良好的沟通协调能力。

◆　客户需求

分析客户承受能力，了解客户投资目标，掌握客户的真正需求，推荐适合客户的银行理财产品。给一个风险承受能力偏低的客户推荐一些高净值、非保本浮动的银行理财产品很明显是不适合的，没有掌握客户的真正需求，此类理财经理投资者需要再斟酌。

◆　从业心态

如果理财经理更换公司太过频繁，或者有离职倾向的，一般也是不建议合作的，容易在购买相关理财产品后，无法第一时间获得相关信息，甚至错过一些投资决策时刻，特别是购买一些境外的理财产品和全权资产委托产品。

判断一个理财经理是否专业，一般在购买前可以询问他几个问题，如产品的发行方是谁？产品风险等级如何？产品的风险有哪些？产品的投资方向怎么看？产品的计息期从哪天开始？投资期限怎么算？申购与赎回怎么办？如果理财经理对这些问题都能很专业地解答，并且不会只谈收益不说风险，那么该理财经理还是靠谱的。

当然在理财经理的协助下，能做好个人的风险测试，并且理财经理能根据风险测试结果匹配相关的产品，对于说明书的内容，都能认真的说明及解释，那么该银行理财经理还是可以考虑合作的。此外，一般银行的客户经理都会经过严格筛选并进行不定期的培训，特别是工商银行、建设银行、中国银行、农业银行、交通银行等国有大型银行，银行的理财经理也是经过了严格的岗位及产品培训的。

当然在筛选合作的理财经理时，个人也得有基本的判断，否则你也无法判断该理财经理说的是真是假。

首先，明确自己的投资需求，如自己现在有多少资金可以用来投资银行理财产品？1万元、5万元还是10万元？能承受多大的风险？最大能承受的亏本比例是多少？预想中的收益率是多高？这笔资金在什么时候会用到？

其次，读懂产品说明书，一般在线下，理财经理都会提供一份产品说明书，如果在线上，则可以直接下载。对于如何读懂产品说明书，在前面章节，我们有专门的说明，这里就不再重复。

然后，通过相应的网站，查询理财经理推荐的理财产品是真是假，一般所有正规的银行理财产品都有一个产品登记编码，一般是以"C"开头的14或15位编码。如中国工商银行个人高净值客户专属90天增利人民币理财产品，产品代码为C1010213001997。

　　购买银行理财时，在不考虑其他因素的影响下，购买时间也是有小技巧的，如一般季末、年末对于银行来说是资金比较紧张的时候，不同的银行、金融机构会相互支援，用来填补自身资金的短缺，这就是同业拆借。一般很多理财产品的投资去向中就包括同业拆借，一般银行越是资金紧张，可能在银行理财收益方面越可能会有所调增，所以，如果在此时有闲置的资金，可以考虑配置相应的银行理财产品。

## 10.4
# 别把银保产品当银行产品买

　　在银行购买理财产品或定期储蓄时，有些理财经理可能会向你推荐一些银保产品。那么银保产品是银行出产吗？产品安全性如何？会出现什么样的风险？

### 10.4.1 银保产品聊一聊

　　银保理财产品是银行、邮政、基金组织以及其他金融机构与保险公司合作，通过共同的销售渠道向客户提供的产品与服务。其本质还是投资者可以通过银行柜台买到的保险；其最大的卖点是保障＋收益＋分红。最早通过银行销售的保险品种是储蓄分红险，有的客户在银行定期储蓄时，会被推荐该类保险。

　　银行目前代售的保险产品主要有投连险、万能险和分红险。这三类保险都是在寿险的基础上，偏重于投资分红，风险大小各不相同，总体来说银行代理的保险偏重理财。

一般来说银保产品的投资期限都较长，而保险产品有个特色的犹豫期，一般在犹豫期内，投保人可以无条件地解除合同，但是如果超过犹豫期解除的，就要支付相关的违约费，此时不仅不能获得相关利息，甚至可能损失本金。

银保产品一般可以分为三类，即银行代理产品、战略合作产品和银行入股产品。

银行代理一般是保险公司提供相关产品，银行提供销售渠道，同时收取一定的手续费；战略合作简单理解就是银行和保险公司长期合作，银行代销相关产品，不仅收取一定的手续费，还分享一定的保险业务利润；银行入股简单说就是银行入股保险公司，通过股权关系，经营相关保险业务。我们国家一般采取的是第一种业务模式，发达国家常采用第三种模式。

银保产品是保险公司产品的一种，而保险公司的产品却不仅仅只是银保产品，银保产品常见的是寿险中偏重投资理财的产品，而保险公司的大多产品更偏重于保障。保险公司产品除了银保产品，还有意外险、健康险及财产险等，银保产品的保险条款相对比较简单，保险公司产品中的保险条款相对更长更多，需要多理解。

同样的产品，选择是在银行购买还是在保险公司购买，简单来说就是代销和直销的区别，银保产品的开发者不是银行而是保险公司，所以售后服务也是保险公司，选择哪一种，仁者见仁，智者见智。同时在选择时，对于产品发行机构、产品信息、产品收益和产品说明书等信息一定要了解清楚，不要盲目投入，要清楚你购买的是银行理财产品还是银保产品。

## 10.4.2 银行理财产品与银保理财产品比一比

银行理财产品和银保理财产品都是在银行销售，但是两者并不是同一类型，具有一定的差别，如表 10-7 所示。

表 10-7　银行理财产品与银保理财产品比较

| 项　　目 | 银行理财产品 | 银保理财产品 |
|---|---|---|
| 起购金额 | 一般银行理财产品的起购金额较高，如 1 万元或 5 万元起购，有的产品起购金额甚至是 50 万元、100 万元，不同结构的产品起购金额不同 | 银保产品起购金额相对较低，起购金额几千几万元不等，一般如果理财经理介绍的产品投资期限很长，起购金额在 1 万元以下的，很可能是银保产品 |
| 投资期限 | 一般银行理财产品的期限相对较短，最短如 7 天，或者在 1 ~ 2 年，也有无固定期限产品，期限以投资周期为准，如 28 天、30 天或 285 天为一个投资周期 | 银保产品投资期限较长，最短如 3 年，最长如 20 年。一般不会有投资期限为几天或者一个月的产品，最短意外险投资期限也为 1 年 |
| 缴费期限 | 一般银行理财产品在购买时，都是一次性缴清，无分期的说法，如一次性投入 10 万元 | 银保理财产品有的规定一次性缴清，有的可能分期缴费。具体根据合同约定而定 |
| 购买年龄 | 一般银行的理财产品都没有对年龄进行限制 | 银保理财产品有投保人年龄的限制，如不超过 60 周岁 |
| 收益构成 | 银行的理财产品一般存在预期收益、业绩比较基准的说法，有固定收益和浮动收益的分类 | 银保理财产品会以年金或者分红作为投资者的理财收益 |
| 销售主体 | 一般银行理财产品的合同上，银行作为销售的主体，而公章也是银行 | 银保理财产品的销售合同上，一般销售主体是保险公司，所盖的公章是保险公司 |

# 读 者 意 见 反 馈 表

亲爱的读者:

感谢您对中国铁道出版社有限公司的支持,您的建议是我们不断改进工作的信息来源,您的需求是我们不断开拓创新的基础。为了更好地服务读者,出版更多的精品图书,希望您能在百忙之中抽出时间填写这份意见反馈表发给我们。随书纸制表格请在填好后剪下寄到:北京市西城区右安门西街8号中国铁道出版社有限公司大众出版中心 张亚慧收(邮编:100054)。或者采用传真(010-63549458)方式发送。此外,读者也可以直接通过电子邮件把意见反馈给我们,E-mail地址是:lampard@vip.163.com。我们将选出意见中肯的热心读者,赠送本社的其他图书作为奖励。同时,我们将充分考虑您的意见和建议,并尽可能地给您满意的答复。谢谢!

------------------------------------------------

所购书名: _____

个人资料:

姓名: _____ 性别: _____ 年龄: _____ 文化程度: _____

职业: _____ 电话: _____ E-mail: _____

通信地址: _____ 邮编: _____

------------------------------------------------

您是如何得知本书的:

□书店宣传 □网络宣传 □展会促销 □出版社图书目录 □老师指定 □杂志、报纸等的介绍 □别人推荐
□其他(请指明)_____

您从何处得到本书的:

□书店 □邮购 □商场、超市等卖场 □图书销售的网站 □培训学校 □其他

影响您购买本书的因素(可多选):

□内容实用 □价格合理 □装帧设计精美 □带多媒体教学光盘 □优惠促销 □书评广告 □出版社知名度
□作者名气 □工作、生活和学习的需要 □其他

您对本书封面设计的满意程度:

□很满意 □比较满意 □一般 □不满意 □改进建议

您对本书的总体满意程度:

从文字的角度 □很满意 □比较满意 □一般 □不满意
从技术的角度 □很满意 □比较满意 □一般 □不满意

您希望书中图的比例是多少:

□少量的图片辅以大量的文字 □图文比例相当 □大量的图片辅以少量的文字

您希望本书的定价是多少:


本书最令您满意的是:

1.
2.

您在使用本书时遇到哪些困难:

1.
2.

您希望本书在哪些方面进行改进:

1.
2.

您需要购买哪些方面的图书?对我社现有图书有什么好的建议?


您更喜欢阅读哪些类型和层次的书籍(可多选)?

□入门类 □精通类 □综合类 □问答类 □图解类 □查询手册类 □实例教程类

您在学习计算机的过程中有什么困难?


您的其他要求: